S.F.
V.

Kanzler Friedrich von Müller
Marcel Reich-Ranicki

Betrifft Goethe

Rede und Gegenrede
(1832) (1982)

S. Fischer

Umschlaggestaltung: KMS Team, München
Gesetzt aus der 11 Punkt Sabon-Antiqua
von Stahringer Satz, Ebsdorfergrund
Druck: Druckerei Wagner, Nördlingen
Bindung: G. Lachenmaier, Reutlingen
Printed in Germany 1995
ISBN 3-10-049114-9

Betrifft Goethe

Kanzler Friedrich von Müller
Rede (1832)

Das Andenken großer Abgeschiedenen wird nicht würdiger gefeiert als durch aufmerksames Betrachten ihres Wirkens und der Eigentümlichkeit ihrer Sinnesweise.

Wohl lebt jeder höhere Mensch ein doppeltes Leben, ein *äußeres*, offenbares, durch seine Stellung zur Welt, durch ihre Anforderungen und Gegenwirkung, durch Gelingen und Mißlingen, durch tausend Zufälligkeiten bedingt und gleichsam abgenötigt; und ein *inneres*, unsichtbares, auf den tiefsten Eigentümlichkeiten des Menschen beruhend, das er zwar in jenem äußern abzuspiegeln, auszuprägen – bewußt und unbewußt – immerfort bemüht ist, das aber nur bei den edelsten Naturen rein hervortritt und auch da noch von einem zarten, geheimnisvollen Schleier bedeckt bleibt.

Die Betrachtung eines bedeutenden abgeschlossenen Lebens darf sich daher nicht auf jenes *äußere*, leichter erkennbare beschränken, sie muß in das innere, verhüllte einzudringen streben, die einzelnen Fäden des Zusammenhangs beider aufsuchen, ihre wechselseitige Einwirkung nachweisen und – wie der echte Künstler nicht bloß durch treue Nachbildung der einzelnen Gesichtszüge, sondern durch Auffassung innern

Charakters ein wahrhaft lebendiges Abbild schafft – so auch das Wollen und Wirken des Individuums in seiner Totalität uns aufschließen.

Wer böte wohl reichern Stoff zu solch einem großen Lebensgemälde dar als *Goethe*, dessen innere Geschichte und geniale Eigentümlichkeit gerade so unerschöpfliche Momente enthält, daß sie, wie ruhmvoll und bedeutend auch sein äußeres Leben war, doch dasselbe an Interesse noch weit überbietet und für Mit- und Nachwelt ewiger Anreiz zu psychologischen Forschungen bleiben wird?

Aber welche Hand wäre vermessen genug, jetzt schon eine so schwierige Aufgabe lösen zu wollen?

Zähle nur liebevolle Verehrung sich es in engern und weitern Kreisen zur Pflicht, einzelne Züge des vielseitigsten Daseins zu sammeln und aufzubewahren, wahrheitstreue Studien zu einem größeren Ganzen darzubieten: so wird es dadurch gewiß am sichersten vorbereitet werden.

Aufgefordert, zum Andenken des großen Abgeschiedenen vor einer hochachtbaren Versammlung zu sprechen, deren Mitglied er war und deren vereinte Kräfte zunächst der Förderung *gemeinnütziger* Wissenschaften gewidmet sind, will es mir angemessen scheinen, hier vorzugsweise die Eigentümlichkeit seiner rastlosen praktischen Tätigkeit Ihrem geistigen Auge vorüber zu führen, je mehr ich selbst aus langjährig traulicher Nähe hierüber gewissenhaftes Zeugnis abzulegen vermag.

Geniale Menschen schweifen leicht über die Grenzen der Wirklichkeit hinaus; im Gefühl, Außerordentliches leisten zu können, verschmähen sie oftmals die eng gezogene Schranke bürgerlicher Ordnung und, einer einseitigen Richtung aufs Ideelle hingegeben, das Studium der wirklichen Welt und ihrer Anforderungen.

In Goethe dagegen finden wir von früh an zwei oft sich widerstrebende Eigenschaften innig verschwistert: eine überschwenglich produktive Phantasie und einen kindlich reinen Natursinn, dem überall ein Lebendiges begegnet und der überall tätig ins Leben einzugreifen strebt.

Diese unvertilgbare Liebe zur Natur und zum praktischen Wirken schlingt sich durch das ganze Gewebe seines Lebens hindurch, sie schärft sein Auge für jede äußere Erscheinung, leitet die oft unruhige Tätigkeit seines Geistes zum Realen hin, wird ihm zum Gegengewicht und Heilmittel der Leidenschaften und bewahrt ihn, wie ein schützender Genius, mitten unter gefahrvollen Abwegen vor Verirrung, mitten unter Abenteuern vor abenteuerlicher Richtung.

Wie früh auch der Knabe gern eine märchenhafte Welt um sich gestaltet und poetischen Fiktionen sich hingibt, – das emsige Lebensgewühl seiner gewerb- und handelsreichen Vaterstadt zieht ihn nicht minder lebhaft an; es wird ihm leicht, sich in die Zustände anderer zu finden, jede besondere Art menschlichen Daseins sucht er mitzufühlen und den verschiedenen Beschäftigungen der Menschen Begriff, Bedingung und technischen Vorteil abzugewinnen. Mit Beharrlichkeit strebt er sich, jede imposante Naturerscheinung zu enträtseln, mit Entzücken durchstreift er Wald und Gebirg, und was er auch erblickt, es wird ihm alsobald zum *Bilde*.

Wie er mit Wärme es in sich aufnimmt, will er auch äußerlich es wieder hervorbringen und darstellen; das Zeichnen – diese sittlichste aller Fertigkeiten, wie er sie späterhin einst nannte[1] – wird ihm zum Organ seines Verständnisses mit der Natur, zur symbolischen Sprache für innere Anschauungen.

Als späterhin die großen Probleme der sittlichen Welt und des religiösen Bedürfnisses den Jüngling zu angestrengten Forschungen aufregen, ja oftmals zu verwirren drohen, findet er den inneren Frieden nur in der Erkenntnis einfacher, ewig allgemeiner Naturgesetze wieder. Jeder bedeutende äußere Anlaß entwickelt in seiner Seele ein tieferes Gefühl der großen Wahrheit, daß alle Kunst durch klare Naturanschauung bedingt ist, und wenn er von dem ungeheuern Eindruck, den das Münster zu Straßburg auf ihn macht, sich Rechenschaft zu geben versucht, kommen ihm statt bunter Phantasiebilder überall zunächst die Begriffe grenzenloser Ordnung und Harmonie entgegen, die er in dem Verhältnis zahlloser, mit Anmut ausgeführter Einzelheiten zu einem großen zweckmäßigen Ganzen verkörpert findet.[2]

Wohl war es der Lorbeerkranz des Dichters, den er sich als das wünschenswerteste Glück seiner Zukunft dachte; doch wie großen, gewaltigen Eindruck auch schon seine ersten schriftstellerischen Produktionen auf ganz Deutschland gemacht hatten, und wie verführerisch das Bild ungebundenen Dichterlebens ihm erschien, so fühlt er doch gar bald, daß er vor allem einer würdigen Stellung im bürgerlichen Leben bedürfe, und daß der Dichter nur um so freier und reicher schaffen und gestalten könne, auf eine je breitere Unterlage praktischer Wirksamkeit und Erfahrung er sich stützte. In dieser Überzeugung folgt er freudig dem ehrenvollen Rufe seines jungen fürstlichen Freundes nach Weimar, und die Welt findet sich nicht wenig überrascht, den Dichter des ›Werther‹ und des ›Götz von Berlichingen‹ ohne alle Zwischenstufe unmittelbar in den Staatsrat eines regierenden Fürsten eintreten zu sehen.

Hier nun erlangt jener angeborene Trieb zur realen Erkenntnis der Naturgegenstände und ihres Bezugs auf Förderung bürgerlicher Wohlfahrt die angemessenste Entfaltung, die Neigung wird jetzt zur Pflicht, und diese hinwiederum steigert jene zu rastloser Tätigkeit.

Goethe selbst hat uns in der ›Geschichte seiner botanischen Studien‹ aufs anmutigste erzählt,[3] wie sie durch ein fröhliches Jagdleben zuerst angeregt, durch freundlich geselliges Verhältnis zu einsichtigen Männern gefördert und durch das wachsende Gefühl der Unzulänglichkeit überlieferter Systeme und Nomenklaturen zu jener fruchtbaren Reife getrieben worden, der wir späterhin seine ›Metamorphose der Pflanzen‹

verdanken, die er selbst als »Herzenserleichterung« bezeichnet.[4]

Auf ähnliche Weise ward der höhere Sinn für Mineralogie und Bergbau, für Osteologie und vergleichende Anatomie in ihm geweckt und ausgebildet; überall lebendige Anlässe und aus unmittelbarer Anschauung rätselhafter Mannigfaltigkeiten die Ahndung tiefster Fundamente und Gesetzmäßigkeit, nirgends ein düsteres, trocknes Abmühen in eng begrenzter Zelle.

Mit offenem, freien Auge wird jede Landesgegend durchstrichen und wie sich ihrer Eigentümlichkeit Vorteil abgewinnen, ihrem Bedürfnisse zu Hülfe kommen lasse, erwogen; auf den Höhen uralten Waldgebirges wie in den Tiefen der Schluchten und Stollen kommt die Natur ihrem Liebling befreundet entgegen und enthüllt ihm manches ersehnte Geheimnis.

»Und manches Jahr des stillsten Erdenlebens
Ward so zum Zeugen edelsten Bestrebens.«[5]

Jeden stillen Gewinn sucht er alsobald nutzbar für öffentliche Zwecke zu verwenden; er versucht es, neues Leben in den Bergbau zu bringen und sich mit allen technischen Hülfsmitteln dazu vertraut zu machen; chemische Versuche werden eifrig hervorgerufen, neue Straßen gebahnt, der Wasserbau nach richtigern Grundsätzen betrieben, der alten Saale bei Jena durch zweckmäßige Durchstiche fruchtbare Wiesen abgewonnen und im steten Kampfe mit der

Natur der Obsieg verständig beharrlichen Willens errungen.

Aber niemals wird auch dankbar genug anerkannt werden können, wie sehr der eigene frische Natursinn und die heitere Lebens- und Tatenlust seines erhabenen Fürsten unsern Goethe begünstigten, indem seinem vielseitigen Streben und Wirken nicht nur ein weiter Spielraum eröffnet und kräftige Unterstützung gewidmet, sondern auch dafür gesorgt ward, daß die Geschäfte seines öffentlichen Berufs nirgends die Freiheit des Dichters und Naturforschers verkümmerten.

Zart und innig spricht sich sein dankbares Gefühl hierüber in Briefen aus Rom aus, wenn er dem geliebten Fürsten schreibt:

»Wie sehr danke ich es Ihnen, daß Sie mir diese köstliche Muße geben und gönnen. Da doch einmal von Jugend auf mein Geist diese Richtung genommen, so hätte ich nie ruhig werden können, ohne dies Ziel zu erreichen.

Mein Verhältnis zu den Geschäften ist aus meinem persönlichen zu Ihnen entstanden; lassen Sie nun ein neu Verhältnis zu Ihnen nach so manchen Jahren aus dem bisherigen hervorgehen. Ich darf wohl sagen, ich habe mich in dieser anderthalbjährigen Einsamkeit selbst wiedergefunden. Aber als was? – Als Künstler! Was ich sonst noch bin, werden Sie beurteilen und nutzen. Sie haben durch Ihr fortdauerndes wirkendes Leben jene fürstliche Kenntnis, wozu die Menschen zu brauchen sind, immer mehr erweitert und geschärft, wie mir jeder Ihrer Briefe deutlich sehen läßt; dieser Beurteilung unterwerfe ich mich gern.

Fragen Sie mich über die Symphonie, die Sie zu spielen gedenken, ich will gern und ehrlich jederzeit meine Meinung sagen. Lassen Sie mich an Ihrer Seite das ganze Maß meiner Existenz ausfüllen, so wird meine Kraft wie eine neu geöffnete, gesammelte, gereinigte Quelle von einer Höhe, nach Ihrem Willen leicht da oder dorthin zu leiten sein.

Schon sehe ich, was mir die Reise genützt, wie sie mich aufgeklärt und meine Existenz erheitert hat.

Wie Sie mich bisher getragen haben, sorgen Sie ferner für mich; Sie tun mir mehr wohl, als ich selbst kann, als ich wünschen und verlangen darf. Ich habe so ein großes und schönes Stück Welt gesehen und das Resultat ist: daß ich nur mit Ihnen und mit den Ihrigen leben mag. Ja ich werde Ihnen noch mehr werden, als ich oft bisher war, wenn Sie mich nur das tun lassen, was niemand als ich tun kann, und das übrige andern auftragen. Ihre Gesinnungen, die Sie mir in Ihren Briefen zu erkennen geben, sind so schön, für mich bis zu Beschämung ehrenvoll, daß ich nur sagen kann,

Herr! hier bin ich, mache aus deinem Knecht, was du willst.«[6]

Und ein andermal gibt er sein innerstes Bestreben in folgenden Worten kund:

»Ist mir erlaubt einen Wunsch, den ich für die Zeit meiner Rückkehr hege, noch beizufügen, so wäre es:

Ihre Besitztümer sogleich nach meiner Wiederkunft sämtlich als Fremder bereisen, mit ganz frischen Augen und mit der Gewohnheit Land und Welt zu sehen, Ihre Provinzen beurteilen zu dürfen. Ich würde mir nach meiner Art ein neues Bild machen, einen vollständigen Begriff erlangen und mich zu jeder Art von Dienst gleichsam aufs neue qualifizieren, zu der mich Ihre Güte, Ihr Zutrauen bestimmen will. Bei Ihnen und den Ihrigen ist mein Herz und Sinn, wenn sich gleich die Trümmer einer Welt in die andere Waagschale legen. Der Mensch bedarf wenig, Liebe und Sicherheit seines Verhältnisses zu dem einmal gewählten und gegebenen kann er nicht entbehren.«[7]

Und so edlen Wünschen ward freundlichste Erfüllung zu teil; entbunden von dem Präsidium der Kammer und der Kriegs-Kommission konnte Goethe nach seiner Rückkehr aus Italien sich lediglich nach freier Neigung bald den Musen, bald einzelnen Zweigen praktischer Wirksamkeit widmen, wie der Genius es ihm eingab. In jene Periode fällt der Beginn seiner nähern Verhältnisse zu der Akademie Jena und die Übernahme der Direktion des Hoftheaters in Weimar, die auf die Ausbildung der deutschen Bühne so entschieden gewirkt, eine Musterschule einfach würdiger Darstellungsweise gegründet hat.

Es ist vielen der nähern Freunde und Lebensgenossen Goethes begegnet, daß er ihnen nach seiner italienischen Reise ganz umgewandelt vorkam, ja, daß sie fast irre an ihm wurden, wenn sie jenen freien, harmlosen Lebenssinn, jene unbefangene, zutrauliche, hinreißende Lebhaftigkeit, mit der sie ihn früher die verschiedensten Gegenstände ergreifen zu sehen gewohnt waren, nicht mehr an ihm zu gewahren glaubten. So kam er nun dem einen erkaltet, dem andern verschlossen oder selbstsüchtig, rätselhaft den meisten vor, und noch späterhin haben ähnliche Klagen nachgeklungen.

Halten wir doch alle gern den Eindruck fest, den eine liebenswürdige Erscheinung bei der ersten Begegnung auf uns macht; ihr Bild, wie wir es einmal mit Liebe in uns aufgenommen, soll immerfort gleichen, und wir vergessen, daß, je gehalt- und lebensreicher ein Individuum ist, umso vielseitiger es sich auch im bewegten Leben entwickeln, ausbilden, äußerlich verändern müsse.

Wohl war Goethe in gar mancher Hinsicht als ein anderer aus Italien wiedergekehrt, aber nur reicher, reifer, in sich gesammelter und beruhigter. Eine lang genährte unbezwingliche Sehnsucht war gestillt, die unermeßliche Welt der Kunst in Fülle der Anschauung vor ihm aufgegangen. Seinem Naturell gemäß hatte die Reflexion stets gleichen Schritt mit dem Genuß gehalten; den großen Maßstab, den er an den ewigen Monumenten höchster Meister gewahrte, hatte er an sich selbst angelegt und so in Klarheit die Grenze menschlichen Strebens, das Unzulängliche eines gemütlichen Dilettantismus erkannt. Auf der einen Seite war ihm die Bedeutung und der Wert des Lebens in höherem Grade fühlbar, auf der anderen die große Wahrheit zur Überzeugung geworden, daß, um das Möglichste zu leisten, man sich vor jedem falschen Streben nach dem Unmöglichen, Unerreichbaren, vor jeder Zersplitterung seiner Kräfte und Gefühle sorgfältig zu hüten habe.

Er wußte recht gut, welche zudringlichen Anforderungen man von allen Seiten her nach seiner Heimkehr an ihn machen würde; bei dem Zauberlichte, in welchem man Italien sich vorzustellen pflegte, hatte man von der Einwirkung, die dieses Wunderland auf ein Genie wie Goethe machen würde, das Überschwenglichste, ja von seiner Heimkehr fast nichts Geringeres als die Verkündigung eines neuen Evangeliums erwartet.

Und so war es denn ganz natürlich, daß, um sich nicht nutzlos zu zersplittern und bei gesteigerter Empfänglichkeit gegen äußere Eindrücke sich gleichwohl in seiner Selbständigkeit gegen die Welt zu behaupten, er sich ihr oftmals verschließen, ja den innern Entwicklungsgang seiner edelsten Anlagen und Neigungen nicht selten verbergen und verschleiern mußte.

Von Rom her, aus der Mitte reichsten und großartigsten Lebens, datiert sich die ernste Maxime der *Entsagung*, die er sein ganzes späteres Leben hindurch geübt hat, und in der er die einzig sichere Bürgschaft innern Friedens und Gleichgewichtes fand.

Wie mächtig auch der Zauberkreis der Kunst ihn angezogen hatte, seiner Liebe zur Natur vermochte er nicht Eintrag zu tun. Es sei vergönnt, hier eine unschätzbare Stelle aus einem seiner Römischen Briefe an die erhabene Großherzogin Luise von Weimar anzuführen:

»Das geringste Produkt der Natur hat den Kreis seiner Vollkommenheit in sich, und ich darf nur Augen haben um zu sehen, so kann ich die Verhältnisse entdecken, ich bin sicher, daß innerhalb eines kleinen Zirkels eine ganze wahre Existenz beschlossen ist. Ein Kunstwerk hingegen hat seine Vollkommenheit *außer sich*, das Beste liegt in der Idee des Künstlers, die er selten oder nie erreicht; alles folgende in gewissen angenommenen Gesetzen, welche zwar aus der Natur der Kunst und des Handwerks hergeleitet, aber doch nicht so leicht zu verstehen und zu entziffern sind, als die Gesetze der lebendigen Natur. Bei den Kunstwerken ist viel Tradition, die Naturwerke sind immer wie ein *frisch ausgesprochenes Wort Gottes.*«[8]

Es ist oft bemerkt worden, daß Goethe ohne seine gründlichen Naturstudien nie ein so großer Dichter werden konnte, und es ist gewiß ebenso wahr, daß er, ohne ein so großer Dichter zu sein, nie die Naturwissenschaften so tief hätte auffassen, so geistreich fördern können. Denn beide Richtungen seines Wesens waren nur Zweige eines und desselben mächtigen Grundtriebes: die innere und äußere Welt in ihrer Totalität aufzufassen und wieder aus sich heraus lebendig zu gestalten. In ihm hatten Auffassungs- und Bildungsvermögen sich dergestalt durchdrungen, daß jede

Anschauung ihm alsobald zum Bilde wurde, jedes Bild, das er hervorrief, alsobald Natur schien.

Wie aus seinen Liedern der frische Hauch geheimsten Naturlebens uns anweht, wie in seinen dramatischen und romantischen Schöpfungen wir überall wirklichen, lebenswarmen Gestalten begegnen, so gewinnt auch jede Tätigkeit des bürgerlichen Lebens, die seinen Blick anzieht, sofort Form, Gehalt und eine eigentümliche Bedeutsamkeit: ja die ernste Wissenschaft selbst wird gleichsam zur freien Kunst unter seiner Behandlung. Die Fähigkeit, vom Besonderen schnell zum Allgemeinen aufzusteigen, das scheinbar Getrennte zu verknüpfen und für jede abweichende Erscheinung die befriedigende Formel der Gesetzmäßigkeit aufzufinden, hat nicht leicht ein Sterblicher in höherem Grade besessen. Daher denn auch bei jedem Naturstudium ihm leicht und ungezwungen ein Aperçu entgegenkam – oder, wie er es ausdrückte, das Gewahrwerden einer großen Maxime eintrat, die ihr Licht urplötzlich über seine Forschungen ausgoß.

»Ich lasse«, hörte ich ihn einst sagen, »die Gegenstände ruhig auf mich einwirken, beobachte dann diese Wirkung und bemühe mich, sie treu und unverfälscht wiederzugeben; dies ist das ganze Geheimnis, was man Genialität zu nennen beliebt.«[9]

Es ist nicht zu verwundern, daß gerade die Theorie der *Farben*, dieser heitern, geheimnisvollen Kinder des Lichts, sein höchstes Sinnen aufrief; welcher Naturerscheinung wäre die Phantasie des Dichters inniger verwandt! Aber bewunderungswürdig ist die ausdauernde Geduld und rastlose Anstrengung, mit welcher der lebensfrische Mann in seinen besten Tagen sich unzähligen Versuchen und Forschungen in tiefer Einsamkeit unterzog, um, wie es ihm ahnend vorschwebte, die Lösung des großen Rätsels zu gewinnen. Mit strenger Selbstbeherrschung hielt er das, was ihm bereits völlig klar geworden, viele Jahre lang vor der Welt geheim, im stillen unablässig bemüht, wie er es ausbilden, durch zahllose Experimente nachweisen und der Welt als nutzbares Gemeingut überliefern wolle.

Noch in seinen letzten Lebensjahren konnte nichts ihn so innig beglücken, als wenn er bemerkte, wie seine erst so vielfach als heftig bestrittene Farbenlehre denn doch immer mehr Wurzeln faßte und auch im Auslande vollgültige Stimmen für sich zu gewinnen anfing. Keine Zerstreuung des äußern Lebens, nicht die anlockendste Geselligkeit, nicht der höchste Kunstgenuß vermochte ihn von seinen Naturbetrachtungen abzuziehen; wir sehen ihn zu Venedig auf den Dünen des Lido an einem zufällig gefundenen Schafschädel mit Entzücken die Bestätigung: die sämtlichen Schädelknochen seien aus verwandelten Wirbelknochen entstanden, gewahr werden; in Sizilien unter den Ruinen von Agrigent die Idee der Urpflanze verfolgen, zu Breslau, in Mitte bewegtester Welt- und Kriegsrüstungen, vergleichende Anatomie studieren, unter Gefahr und Trübsal in der Champagne, wie vor Mainz unter dem Donner des Belagerungsgeschützes, chromatischen Phänomenen nachspüren und bei Fischers ›Physikalischem Wörterbuch‹ alle Not des Augenblicks vergessen.[10]

Friedlichen Zuständen zurückgegeben, eilt er alsobald, seine Verhältnisse zu den Lehrern der Naturwissenschaften in Jena wieder anzuknüpfen und zu befestigen, gründet, ordnet und fördert die Museen und Sammlungen jeder Art, schafft dem botanischen Garten erweiterten Umfang und ausreichende Mittel und wohnt selbst in den frühsten Morgenstunden des Winters Loders[11] anatomischen Vorlesungen im Geleite seines Freundes Heinrich Meyer eifrig bei. An die lebhafte Teilnahme, die er den Sitzungen der naturforschenden Gesellschaft widmet, knüpft ein freundliches Geschick den ersten Anlaß zu jenem innigen Freundschaftsbund mit Schiller, der eine der schönsten Epochen seines Lebens begründet.

Alles was die Gunst der Umstände nur gewähren kann, vereinigte sich damals in Jena, einen Blütenzustand geistiger und wissenschaftlicher Entwicklung hervorzurufen, wie er nicht leicht irgendwo schöner wiederkehren wird.

Berühmte, tüchtige Lehrer in allen Fächern, kühn und kräftig aufstrebende Talente, rastlose Forschungen in Philosophie, Naturlehre, Ästhetik, eine zahlreiche, höchst empfängliche Jugend, und neben diesem allen im Kreise gebildeter Frauen eine heitre, lebensfrische Geselligkeit.

Aus jedem dieser Elemente wußte Goethe das ihm

Zusagende, Wahlverwandte mit Leichtigkeit anzuziehen und in den Kreis seiner Tätigkeit geschickt zu verweben, auf solche Weise die eignen Schätze des Wissens bald zu mehren, bald am rechten Orte auszuspenden, der ältern Männer geregelten Gang zu beachten, die freiern Schritte der jüngern zu begünstigen, überall ein lebendiges Streben zu fördern und anzuregen, jedoch in Mitte so vielseitig abweichender Richtungen gleichwohl die absolute Unabhängigkeit der eigenen Stellung immerfort zu bewahren.

Wilhelm und *Alexander v. Humboldt* waren für längere Zeit in Jena einheimisch; liebevolle Neigung, unversiegliche Lust des Forschens und Ergründens, die edelsten Interessen der Bildung schlossen sie fest und innig an Goethe und Schiller an, die hinwiederum im freisten Ideenaustausch mit dem edlen Brüderpaare Erfrischung und Belohnung fanden.

Es ist genugsam kund, wie viel die Welt jenem harmonischen Zusammenwirken verdankt, wo jedes Gelingen gesteigerte Anforderung hervorrief und jeder Triumph des Freundes zum eignen, tief empfundenen wurde.

Der schönste Lohn für alle Aufopferung an Zeit und Mühe, die Goethe vieljährig dem Theater zu Weimar gewidmet, ward ihm in Schillers Teilnahme und regem Anerkenntnis zuteil. Des ernsten Mannes tiefsinniges Streben wandte sich mit Heiterkeit dem Bühnenspiele, und in diesem Bilde des Lebens dem Leben selbst mit neuem Wohlgefühle zu; mit Überraschung gewahrte er, wie aus den Darstellungen der Schauspieler, die Goethe herangebildet, ihm selbst die reinere Gestalt seiner dramatischen Schöpfungen entgegenkam.

Zu stets erhöhten Leistungen angelockt, wetteiferten Dichter und Schauspieler im edelsten Bemühen, jene, das Großartig-Kühnste zu ersinnen und zu formen, diese, es klar aufgefaßt zu würdigster Erscheinung zu bringen. Da ward keine Art persönlicher Hingebung gespart, mit unermüdlicher Geduld Lese- und Darstellungsproben abgewartet und wiederholt, jeder Charakter genau begrenzt, entwickelt, lebendig hingestellt, die Harmonie des Ganzen immer schärfer ins Auge gefaßt, erspäht und gerundet.

Nirgends vermochte Goethe den Zauber seiner imposanten Persönlichkeit freier zu üben und geltend zu machen, als unter seinen dramatischen Jüngern; streng und ernst in seinen Forderungen, unabwendlich in seinen Beschlüssen, rasch und freudig jedes Gelingen anerkennend, das Kleinste wie das Größte beachtend und eines jeden verborgenste Kraft hervorrufend, wirkte er im gemessenen Kreise, ja meist bei geringen Mitteln, oft das Unglaubliche; schon sein ermunternder Blick war reiche Belohnung, sein wohlwollendes Wort unschätzbare Gabe. Jeder fühlte sich größer und kräftiger an der Stelle, wo er ihn hingestellt, und der Stempel seines Beifalls schien dem ganzen Leben höhere Weihe zu gewähren.

Man muß es selbst gesehen und gehört haben, wie die Veteranen aus jener Zeit des heitersten Zusammenwirkens von Goethe und Schiller noch jetzt mit heiliger Treue jede Erinnerung an diese ihre Heroen bewahren, mit Entzücken einzelne Züge ihres Waltens wiedergeben, und schon bei Nennung ihrer Namen sich leuchtenden Blicks gleichsam verjüngen, wenn man ein vollständiges Bild der liebevollen Anhänglichkeit und des Enthusiasmus gewinnen will, die jene großartigen Naturen einzuflößen wußten.

Als mit Schiller der schönste Reiz aus Goethes Leben schwindet, sucht und findet er in seinen Naturstudien den einzigen Trost, der seiner würdig war, und gewinnt den Mut nur durch verdoppelte Anstrengung, die er der Aufklärung dunkelster Naturprobleme widmet.

Die Schlacht von Jena trifft ihn, wie er eben den ersten Teil seiner ›Farbenlehre‹ abschließt, und kaum hat er sich von den Greueln und Schrecknissen, die unsere stillen Täler erfüllten, einigermaßen erholt, als er, von äußern Bedrängnissen sich vollends loszureißen, die ›Metamorphose der Pflanzen‹ frisch überarbeitet und in die tiefste Betrachtung organischer Naturen eingeht.

Mit jedem neuen Vorschritt bestätigen sich mehr und mehr die stillen Ahndungen seiner nach Ordnung, Folge und Zusammenhang verlangenden Seele. Sah er im wilden Kriegsgetümmel die festesten Verhältnisse gelöst, wohlangelegte Pläne durchschnitten, den Bau der Jahrhunderte plötzlich erschüttert und Zufall und Willkür übermächtig herrschend; so erblickt er im Reiche der Natur überall das friedliche Walten gesetzmäßig bildender Kräfte, die ununterbrochene Kette lebendiger Entwicklungen, und durchgehends, selbst in scheinbaren Abweichungen die Offenbarung einer heiligen Regel.

So wird mitten unter den Stürmen der Außenwelt der innere Friede ihm wieder gewonnen, sein geistiges Besitztum erweitert, seine wissenschaftliche Tätigkeit erfrischt und gefördert.

Alexander v. Humboldt widmet ihm seine ›Ideen zur Geographie der Pflanzen‹;[12] hoch erfreut über die Fülle neuer Ansichten, die sie ihm darbieten, kann seine Ungeduld die dazu verheißene Profilkarte nicht erwarten, augenblicklich komponiert er nach den Andeutungen des Verfassers eine symbolische Landschaft und sendet sie dem Freunde zu willkommenster Gegengabe.

Wie denn überhaupt jede bedeutende äußere Erscheinung, jedes befreundete fremde Gelingen ihm alsobald die eigene Tatkraft aufruft und jedes Auffassen fremder Ideen sofort ein eignes Produzieren ihm gleichsam abnötigt.

So weiß er auch bei schmerzlichen oder bedrohlichen Ereignissen sich nicht besser als durch irgend eine neue geistige Schöpfung oder anstrengende Unternehmung zu helfen; ja die meisten seiner Schriften entstanden aus dem Bedürfnis, sich von diesem oder jenem innern Zwiespalt oder übermächtigen Eindruck zu befreien, und sie sind wohl gerade darum von so lebensfrischer Wärme und Wahrheit. Es gab eine Zeit, in der die Akademie Jena vieler ihrer schönsten Zierden auf einmal beraubt und durch Entführung des so bedeutenden Instituts der allgemeinen Literatur-Zeitung in einem ihrer notwendigsten Fundamente, ja in ihrer Existenz selbst bedroht wurde. Goethe war eben mit Fortsetzung seiner ›Natürlichen Tochter‹ eifrig beschäftigt; gleichwohl steht er nicht an, sich alsobald davon loszureißen, verbindet sich zu kräftigster Gegenwirkung mit seinem altbewährten Freunde und Kollegen, dem Minister *von Voigt*[13], wirbt unablässig, nah und fern, befreundete und verwandte Geister für seine Zwecke, und sinnt Tag und Nacht, wie er einen frischen Geist produktiver Kritik erwecke und belebe. So gelingt es ihm denn, ein neues, dem bedrohten völlig ähnliches Institut noch schneller hervorzurufen und zu sichern, als die Gegner es sich träumen ließen, und durch neue tüchtige Lehrer die Stelle der abziehenden alsobald auszufüllen.

Viele der geistreichen Rezensionen jener Epoche sind als köstliche Früchte jener anfangs unwillkommenen Aufregung zu betrachten; es genüge hier nur, an die unvergleichliche Charakteristik der Gedichte von Voß, Hebel und Grübel zu erinnern.[14]

Der ungeordnete, zersplitterte Zustand der Jenaischen Bibliothek in verschiedenen, zum Teil unfreundlichen und düstern Lokalen war ihm längst ein Greuel gewesen, allein eine seltsame Verwicklung von Umständen hatte die Versuche zu einer zweckmäßigern Einrichtung immer von neuem gehemmt. Endlich wird ihm unbeschränkte Vollmacht übertragen, und alsobald erklärt er alle Hindernisse für null, nimmt von dem Widerstreben, Intrigieren, Protestieren der Mißwollenden nicht die geringste Notiz, wirft Mauern und Bleichen[15] nieder, hinter die sich die Opposition zu verschanzen sucht, ergreift unverzüglich von den erforderlichen Räumen Besitz, steigert die Tätigkeit arbeitsamer Gehülfen auf alle ersinnliche Weise und ruht nicht eher, bis er die einzelnen Büchersammlungen sämtlich zu einem würdigen Ganzen vereint, übersichtlich geordnet und in freien heitern Sälen zugänglich, der allgemeinen Benutzung aufgestellt erblickt.

Nun wendet er sein Augenmerk auch auf Verschönerung der Umgebung, treibt zu Abtragung alter finsterer Tore, zu Ausfüllung der Stadtgräben, zu Errichtung einer Sternwarte, »für den geselligsten aller Einsiedler«[16] an, richtet eine Veterinärschule ein und sucht allenthalben den Geist geordneten Strebens und heitrer Wirksamkeit zu erwecken, der ihm als Grundbedingung allmählicher Veredlung unserer bürgerlichen Zustände erscheint.

Durch den tätigen Anteil, den er an dem Aufbau und der innern Ausschmückung des Weimarischen Schloßbaues nimmt, wird sein Interesse an Architektur und technischen Leistungen erhöht; die unter seine Oberaufsicht gestellte freie Zeichenschule zu Weimar, nach deren Muster späterhin ähnliche Institute zu Jena und Eisenach gegründet wurden, wirkt fortwährend auf Ausbildung nützlicher Fertigkeiten, verbreitet bis in die untersten Klassen Geschmack und Sinn für gefälligere Formen im täglichen Verkehr, und wo ein bedeutendes Talent in Kunst und Technik sich hervortut, findet es zweckmäßige Anleitung und durch Goethes Fürsorge großmütige Unterstützung des Fürsten.

Den Kreis edler Wirksamkeit immer mehr zu erweitern und die in den Propyläen aufgestellten Grundsätze praktisch zu betätigen, unternimmt er, in Verbindung mit seinem Freunde Meyer, zweckmäßig ausgewählte Preisaufgaben für bildende Künstler kund zu machen und die aus Nähe und Ferne eingesandten Arbeiten jährlich in einer öffentlichen Ausstellung zu vereinigen. Der Aufruf des Meisters wirkt aufs fruchtbarste; bald sieht man jüngere und ältere Talente in Auffassung seines Sinnes, in edlen Darstellungen wetteifern, bildungslustige Beschauer finden sich überzählig zusammen, und wie jeder diesem oder jenem Kunstwerk sich mit Vorliebe zuwendet und den Geschmack des Nachbarn zu überbieten vermeint, so harren alle in ungeduldiger Spannung des richterlichen Ausspruchs. Er erfolgt zu mehr oder minderer Zufriedenheit der Bewerber und des Publikums, die Preisverteilung wird, mit ausführlichen Rezensionen der verschiedenen Leistungen begleitet, zur öffentlichen Kunde gebracht und alsobald den Siegern wie Besiegten ein neuer Anreiz, eine neue Hoffnung für die nächste Ausstellung dargeboten.

Sieben Jahre lang war hierdurch auf mannigfache Weise Kunsttätigkeit und Urteil angeregt, belebt, begünstigt worden, als übermächtige Weltereignisse und Kriegszustände auch diesem friedlichen Bestreben ein Ziel setzten und eine Periode politischer Aufregung begann, die noch jetzt in immer steigenden Wirbeln gar manches schöne Talent verschlingt, ja die Dämme der Zivilisation nicht selten zu überfluten droht.

Man hat Goethen oft vorgeworfen, daß er an der politischen Gestaltung seines Vaterlandes wenig Interesse genommen, in großen Momenten patriotischen Aufschwungs seine Stimme nicht erhoben, ja der Entwicklung freisinniger Ideen sich nicht selten abhold gezeigt habe. Es lag allerdings nicht in seinem Naturell, nach einer politischen Wirksamkeit zu streben, deren Vorbedingungen seinem Lebenskreise nicht zusagten, deren Folgen seinem Blicke nicht ermeßbar waren. Von der Höhe seines Standpunktes erschien ihm die Geschichte nur als ein ewig wiederholter, ja notwendiger Kampf der Torheiten und Leidenschaften mit den edleren Interessen der Zivilisation; er kannte zu gut die Gefahren oder mindestens zweideutigen Erfolge unberufener Einmischung, er wollte das reine Element seines Denkens und Schaffens nicht durch die wirren Erscheinungen des Tages trüben lassen und noch weniger sich zum Wortführer irgend einer Partei aufwerfen, wenngleich Gall das Organ des Volksredners in höchster Ausbildung an ihm entdeckt haben will.[17]

Er war überzeugt, daß dem Menschen weniger von außen als von innen heraus zu helfen stehe, und daß ein reines tüchtiges Wollen sich in jeder Form staatsbürgerlicher Existenz Bahn zu machen und nützlich zu wirken vermöge.

In diesem Sinne hielt er fest an Ordnung und Gesetzmäßigkeit, als an den Grundsäulen bürgerlicher Wohlfahrt, und nur alles dasjenige, was den stetigen Fortschritt sittlicher und intellektueller Ausbildung, geregelter Benutzung der Naturkräfte aufzuhalten und zu verkümmern, die edelsten Güter des Daseins dem wilden Spiele ungezügelter Leidenschaften, der Herrschaft roher Massen preiszugeben drohte, war ihm das wahrhaft Tyrannische, Freiheitvernichtende, durchaus Unerträgliche.

Und in diesem Sinne hat er allerdings in Wort und Schrift immerfort zu wirken gestrebt, ermahnt, belehrt, ermutigt und beruhigt, das Falsche, Naturwidrige, Gemeine in seiner Nichtigkeit dargestellt, edlen Geistern sich tätig angeschlossen und jene höhere Freiheit des Gedankens und vernünftigen Wollens standhaft behauptet, die den Menschen erst zum Menschen macht.

Wie schon dem Jüngling Mösers ›Patriotische Phantasien‹ reichen Genuß und Ausbeute gewährten, ja einer der ersten Anlässe waren, die ihm dem jugendlich aufstrebenden Herzog von Weimar befreundeten, so hat der gereifte Mann die Früchte ernster Beobachtung und tiefen Nachdenkens über den Charakter, die

Gebrechen und Heilmittel öffentlicher Zustände vielfach in seinen Schriften, bald verhüllter und symbolisch, bald augenfälliger niedergelegt, vielleicht nirgends absichtlicher und reichhaltiger als im ›Wilhelm Meister‹, in den ›Wanderjahren‹ und in seinen kleinen poetischen Denksprüchen; aber freilich, ohne sie als Universalrezepte am öffentlichen Markte auszubieten.

Gerade die tiefe Bedeutung, die er in jeder politischen Erscheinung wahrnahm, der hohe Ernst, mit welchem er von Regierenden und Regierten ein verständiges, wohlwollendes Auffassen und Üben ihrer Rechte und Pflichten forderte, von jedem frechen, verwirrten, haltungslosen Treiben sich abwandte, gerade diese edelste politische Sinnesweise war es, die ihm ein nichtiges Radotieren oder leidenschaftliches Parteistreben so widerwärtig, so verhaßt machte.

Davon Notiz nehmen zu müssen konnte ihn zuweilen wahrhaft unglücklich machen, und das Wichtige, Große, Folgenreiche frivol und leichtsinnig behandelt zu sehen, fast zur Verzweiflung bringen.

Es ist bekannt, wie er Frau von Staël einst auf's heftigste anließ, als sie ihm die Nachricht von Moreaus Gefangennehmung hinterbrachte und gleich darauf von ihm verlangte, sich auf heitere Gespräche und witzige Repartien einzulassen.[18]

»Ihr Jüngern« – pflegte er zu sagen – »stellt euch wohl leicht wieder her, wenn irgend eine tragische Explosion euch momentan verwundet; wir alten Herren aber haben alle Ursache, uns vor Eindrücken zu hüten, die übermächtig auf uns einwirken und eine folgerechte Tätigkeit nur nutzlos unterbrechen.«[19]

Beschäftigte seine Seele irgend ein großer Gedanke, eine neue Ausarbeitung, so untersagte er sich oft für viele Monate alles und jedes Lesen öffentlicher Blätter.

»Es fällt einem doch mitunter auf« – schreibt er an Zelter – »daß man von dem Vergangenen ungefähr so viel weiß als ein anderer auch, und daß man durch die Kenntnis dessen, was der Tag bringt, nicht klüger und nicht besser wird. Dieses ist von größter Wichtigkeit. Denn genau besehen, ist es von Privatleuten doch nur eine Philisterei, wenn wir demjenigen zuviel Anteil schenken, worin wir nichts *wirken* können. Und dann darf ich Dir wohl ins Ohr sagen: ich erfahre das Glück, daß mir in meinem hohen Alter Gedanken aufgehen, welche zu verfolgen und in Ausübung zu bringen eine Wiederholung des Lebens gar wohl wert wäre. Also wollen wir uns, so lange es Tag ist, nicht mit Allotrien beschäftigen.«[20]

Bei einer anderen Gelegenheit schreibt er an einen jüngeren Freund:

»Es ist ganz gleichviel, in welchem Kreise ein edler Mensch wirke, wenn er nur diesen Kreis genau kennen zu lernen und völlig auszufüllen weiß. Wofür aber der Mensch nicht *wirken* kann, dafür soll er auch nicht ängstlich sorgen, nicht über Bedürfnis und Empfänglichkeit des Kreises hinaus, in den ihn Gott und die Natur gestellt, anmaßlich wirken wollen. Alles

Voreilige schadet, die Mittelstufen zu überspringen ist nicht heilsam, und doch ist jetzo alles voreilig, und fast jedermann sprungweise zu verfahren geneigt. Tue nur jeder an seiner Stelle das Rechte, ohne sich um den Wirrwarr zu bekümmern, der fern oder nah die Stunden auf die unseligste Weise verdirbt, so werden Gleichgesinnte sich bald ihm anschließen und Vertrauen und wachsende Einsicht von selbst immer größere Kreise bilden,

›*Damit das Gute wirke, wachse, fromme,*
Damit der Tag dem Edlen endlich komme‹.«[21]

Und welcher geistigen Statistik möchte es gelingen, die Kreise alle aufzuzählen, die Goethe in seinem langen tatenfrischen Leben auf solche Weise gebildet, oder Ring an Ring die geistige Kette seiner Wirksamkeit zu berechnen, wie sie endlos sich um Gegenwart und Zukunft schlingt?

Um ihn her mußte alles lebendig werden, sich gestalten, bewegen, zu frischem Handeln gewöhnen. Das Gleichmäßige sollte herangezogen, in sich aufgenommen, zu neuen Formen übergebildet werden. Ohne pädagogisch oder pedantisch zu verfahren, drückte er allen seinen Umgebungen und Gehilfen einen eigentümlichen Stempel auf; er wußte jeden beschränkt auf seiner Sphäre zu erhalten, aber in dieser zu vorzüglichen Leistungen anzuregen, zuverlässige Maximen der Ordnung, Stetigkeit und Folge einzuimpfen, aus denen sich stufenweise die Keime höherer Bildung von selbst entwickeln konnten.

Der Großherzog Carl August hatte alle einzelnen Museen und Institute für Kunst und Wissenschaft in ein besonderes Departement vereinigt und ausschließlich unter Goethes oberste Leitung gestellt, bei der ihm die freiste, unabhängigste Wirksamkeit gegönnt war. Hier nun konnte er seine praktischen Zwecke in planmäßigster Richtung verfolgen. Es war keine geringe Aufgabe, mit doch immerhin – wenn man auf den grenzenlosen Umfang der Gegenstände sieht – sehr beschränkten Mitteln, den Anforderungen fortschreitender Ausbildung auch nur einigermaßen Genüge zu tun. Es galt ein sorgsames Abwägen des Notwendigen, wahrhaft Gedeihlichen, ein standhaftes Ablehnen des nur scheinbar Nützlichen, bloß der augenblicklichen Neigung Zusagenden.

Goethe ging, wie bei seinen eignen Kunstsammlungen, von der Maxime aus, lieber aus kleinen Anfängen jedes Institut sich folgerecht entwickeln, allmählich heranwachsen und ausbilden zu lassen, als mit unverhältnismäßiger Anstrengung von vornherein nach dem Imposanten streben, ein Ausgezeichnetes gleichsam improvisieren zu wollen. Nicht um den äußern Schein und Prunk, sondern darum war es ihm zu tun, daß es in jedem Fache nicht an Gelegenheit und zweckmäßiger Anleitung zu stufenweiser Fortbildung fehle, daß in jungen aufstrebenden Männern Sinn und Geschick erweckt und befestigt werde, auf individuell zusagender Bahn frisch und kräftig vorzuschreiten.

So konnte denn im ruhig stetigen Fortgang aufmerksamster Fürsorge allmählich nach allen Seiten hin ein wirklich Bedeutendes geleistet und jene so verschiedenen Institute, Museen, Bibliotheken, Sammlungen aller Art auf einen verhältnismäßig hohen Grad innern Gehalts und praktischer Nutzbarkeit gebracht werden.

Wie viele hochachtbare Männer, die jetzt in weitesten, ehrenvollen Kreisen wirken, haben bei ihren frühern Bestrebungen sein erfrischendes Wohlwollen, seine belehrende und belebende Ermunterung und Förderung erfahren!

Entschieden aber zog er sich zurück, sobald er ein vages, willkürliches Umhertappen, ein abenteuerliches, schrankenloses Wollen bemerkte, wo denn der Ausspruch: »Gute Menschen, ihnen ist nicht zu helfen!« seine Resignation auf gedeihliche Einwirkung lakonisch genug bezeichnete.

Es mag wohl sein, daß ein kräftiges Zurechtweisen, ein imponierendes direktes Mißbilligen von seiner Seite gar manches irrende oder verirrte Talent vielleicht noch zu rechter Zeit von Abwegen zurückgebracht hätte; fruchtlose Bemühungen früherer Jahre und manche schmerzliche Erfahrung mochten ihn wohl mehr Mißtrauen, als uns andern gerechtfertigt schien, in die Gewalt haben fassen lassen, die seine Persönlichkeit und sein Urteil so leicht über jeden gewann, dem er Rat und Teilnahme widmete. Momentane Einwirkungen verschmähend und jeder Polemik abhold, hatte er sich zur Maxime gemacht, nur durch immerfort erneutes Aufstellen und Ausüben des Wahren und Rechten zu wirken, aber so selten als möglich durch Bestreiten und Opponieren.

»Es gibt nur zwei Wege« – hörte ich ihn oftmals behaupten –, »ein bedeutendes Ziel zu erreichen und Großes zu leisten: Gewalt und Folge. Jene wird leicht verhaßt, reizt zu Gegenwirkung auf und ist überhaupt nur wenigen Begünstigten verliehen; Folge aber, beharrliche, strenge, kann auch vom Kleinsten angewendet werden und wird selten ihr Ziel verfehlen, da ihre stille Macht im Laufe der Zeit unaufhaltsam wächst. Wo ich nun nicht mit Folge wirken, fortgesetzt Einfluß üben *kann*, ist es geratener, gar nicht wirken zu *wollen*, indem man außerdem nur den natürlichen Entwicklungsgang der Dinge, der in sich selbst Heilmittel mit sich führt, stört, ohne für die bessere Richtung Gewähr leisten zu können.«[22]

Die Zeit war ihm das kostbarste Element, er wußte sie wie keiner zu nutzen, wahrhaft auszubeuten und mitten im Andrang zahlloser Einzelheiten Sammlung genug zu gewinnen, um den Faden tiefster Forschung oder dichterischer Schöpfungen festzuhalten.

Hat er doch einst, als der Besuch eines erhabenen Königs ihn beglückte,[23] sich mitten aus den anziehendsten Gesprächen auf einige Minuten abgeschlichen, um schnell für seinen ›Faust‹ eine eben in ihm aufgetauchte Idee niederzuschreiben.

»Der Tag ist grenzenlos lang, wer ihn nur zu schätzen und zu nutzen weiß«[24], hörte man ihn oftmals sagen. Dabei ging seine Ordnungsliebe fast bis ins Unglaubliche. Nicht nur, daß alle eingegangenen Briefe und ebenso die Konzepte oder Kopien aller abgesendeten monatlich in gesonderte Bände geheftet und über einzelne Unternehmungen, z.B. selbst über jeden Maskenzug, den er anordnete, wieder eigne Aktenstücke gebildet wurden – er entwarf auch periodische Tabellen über die Ergebnisse seiner vielseitigen Tätigkeiten, Studien und Fortschritte persönlicher oder innerer Verhältnisse, aus denen dann am Jahresschlusse wieder gedrängte Hauptübersichten zusammengestellt wurden.

Nie unterließ er, jeden nur irgend bedeutenden Gegenstand seiner Bearbeitung zuvörderst genau zu schematisieren, um so nicht nur die Momente der ersten glücklichen Inspiration festzuhalten, sondern auch die Ausführung der einzelnen Teile je nach Neigung und günstiger Stimmung vorzunehmen und gleichwohl des folgerechten Zusammenhangs stets sicher bleiben zu können.

Jeder schriftliche Erlaß, das kleinste Einladungsbillet mußte aufs reinlichste und zierlichste geschrieben, gefaltet, besiegelt werden. Alles Unsymmetrische, der geringste Fleck oder falsche Strich war ihm unausstehlich, ja der Genuß des schönsten Kupferstichs verkümmert, wenn er ihn ungeschickt angefaßt oder gar verknüllt sah. Denn alles um ihn her und alles, was von ihm ausging, sollte in Einklang mit der Klarheit und Reinheit seiner innern Anschauungen stehen und nichts die Harmonie des Eindrucks stören.

Wechsel der Tätigkeit war ihm die einzige Erholung, und wenn man aus seinen Tagebüchern, die er regelmäßig in zweien Abschnitten des Tags diktierte, ersieht, wie noch im höchsten Lebensalter er von frühster Morgenstunde an in ruhig abgemessener Folge sich einer Unzahl von literarischen Arbeiten, brieflichen Mitteilungen, geschäftlichen Expeditionen, Prüfung und Beschauung von eingesendeten Produktionen und Kunstwerken, ernster und heiterer Lektüre der mannigfachsten Art gewidmet, so muß man es ihm hoch anrechnen, ja bewundern, daß er gleichwohl sich geneigt finden ließ, fast täglich einige Stunden besuchenden Freunden oder Einheimischen hinzugeben. Zwar sucht er sich von Zeit zu Zeit streng von der Welt abzuschließen; doch immer von neuem fühlt er das Bedürfnis wieder, sich im Kontakt mit ihr zu erhalten, um, wie er es ausdrückte, nicht bei lebendigem Leibe zur Mumie zu werden und von dem Interesse des Tags in Ferne und Nähe notdürftig Notiz zu nehmen.

»Melde mir ja vom Alten und Neuen, auch vom Augenblick Mannigfaches« – schreibt er an seinen geliebten Zelter –, »denn wenn ich gleich meine Zugbrücken aufziehe und meine Fortifikationen immer weiter hinausschiebe, so muß man doch zuweilen auch wieder Kundschaft einziehen.«[25]

Dem Gegenstande, der ihn beschäftigte, gehörte er jedesmal an, identifizierte sich mit ihm nach allen Seiten und wußte, während er irgend eine wichtige Aufgabe sich gesetzt, alles seinem Ideengang Fremdartige standhaft abzulehnen.

»In den hundert Dingen, die mich interessieren« – äußert er –, »konstituiert sich immer eins in der Mitte als Hauptplanet, und das übrige Quodlibet meines Lebens treibt sich indessen in vielseitiger Mondgestalt umher, bis es einem und dem anderen auch gelingt, gleichfalls in die Mitte zu rücken.«[26]

Nicht immer jedoch gelang ihm jene augenblickliche Konzentration, und seiner übermächtigen Empfänglichkeit und Reizbarkeit wohl bewußt, griff er dann oft zu den extremsten Mitteln und schnitt plötzlich, wie im Belagerungszustande, alle Kommunikation nach außen gewaltsam ab. Kaum aber hat die Einsamkeit ihn von der Fülle anströmender Ideen entbunden, so erklärt er sich wieder befreit, neuen Interessen zugänglich, knüpft die früheren Fäden sorgsam an und schwimmt und badet in frischen Elementen weit ausgebreiteten Daseins und Wirkens, bis ein neuer unbezwinglicher Moment innerer Metamorphose ihn abermals zum Einsiedler umschafft.

Bei den zahllosen Verbindungen, die er in und außerhalb Deutschlands hatte, bei der Legion von stillen und lauten Verehrern, die ihm in jeder Generation neu erwuchs, strömten ihm von allen Seiten in Kunst, Wissenschaft und Literatur die frischesten Gaben zu, mehr oft, als er aufzunehmen vermochte. Da geschah es denn wohl, daß er auch die interessantesten Sendungen wochen- und monatelang unentsiegelt ließ, wenn sie ihn in einem jener Momente notgedrungener Isolierung trafen. Denn nichts war ihm verhaßter, als etwas zur unrechten Zeit tun oder genießen, und manches erfreuliche, manches köstliche Besitztum hat er der Teilnahme der Seinen lange vorenthalten, bloß weil der passende Moment der Mitteilung, das schickliche Licht für die Betrachtung ihm noch nicht gekommen oder entschlüpft schien.

So kam er denn auch, gerade weil seine Tätigkeit stets auf ein bestimmtes Ziel gerichtet war, nicht selten mit Dank und Erwiderung auf freundlichste Zuschriften in Rückstand und erklärte sich dann in humoristischer Verzweiflung für bankrott. Späterhin schmerzte es ihn wohl, unfreundlich erschienen zu sein, und er ergriff gern jeden Anlaß wohlwollender Ausgleichung.

Wie hätte er aber auch, ohne sich selbst zu vernichten, all den unsäglichen, oft unsinnigen Anforderungen und Zumutungen genügen können, die so oft, gleich einem Wogenschwall, auf ihn eindrangen?

Daß fast jeder deutsche Jüngling, der einige glückliche Verse oder vollends ein Trauerspiel geschaffen zu haben vermeinte, Rat oder Urteil von ihm begehrte, möchte noch für ganz natürlich gelten; daß aber auch seinem geistigen Kontakt wildfremde Personen sich oft in den wunderlichsten Fällen, z.B. um eine Heirat, die Wahl eines Lebensberufs, eine Kollekte, einen Hausbau zustande zu bringen, zuversichtlich an ihn wendeten, könnte in der Tat höchst komisch erscheinen, wenn es nicht zugleich bewiese, wie unbeschränktes Vertrauen man weit umher ihm zollte, ja für einen Universalhelfer in geistigen und leiblichen Nöten ihn zu halten geneigt war.

Lag es außer dem Kreise der Möglichkeit, alle jene Zusendungen in Kunst und Literatur sofort zu würdigen, so kam doch immer früher oder später eine Zeit, wo er die wahrhaft tüchtige oder doch hoffnungsreiche Leistung freudig anerkannte, förderte, ermunterte, und wie manchen, der die Hoffnung auf seine Teilnahme schon aufgegeben, hat unvermutet ein liebevolles Blatt seiner Hand, ein ehrendes Zeichen seines Beifalls überraschend beglückt!

Wie es denn überhaupt seine Weise war, auf jede bedeutende Erscheinung zwar im stillen höchst aufmerksam zu sein, doch eine Weile ganz unteilnehmend und gleichmütig sich zu stellen, dann aber, je nachdem sie sich bewährte und ihren Gehalt entwikkelte, sie mit Lebhaftigkeit zu ergreifen, zu verfolgen und in die Kreise seines Sinnens und Wirkens zu verweben oder auch mit Nachdruck abzuweisen, mindestens beharrlich zu ignorieren.

Man darf wohl behaupten, daß mit jedem höhern Lebensjahre auch seine Teilnahme an allem, was in dem weitesten Weltkreise sich Löbliches und Gemeinnütziges in Erfindung, Industrie, Technik und Naturkunde hervortat, statt abzunehmen, immer noch sich steigerte.

Kühne Unternehmungen, wie z.B. die des Tunnels zu London oder des Erie-Kanals in Amerika zogen ihn unwiderstehlich an, und er ruhte nicht eher, bis er sich durch die genauesten Zeichnungen, Risse und Beschreibungen eine möglichst klare Anschauung des Gegenstandes, seiner Schwierigkeiten und Hilfsmittel verschafft hatte.

Die Bohrversuche nach Steinsalz, die unser Glenck[27] mit genialer Divination und Beharrlichkeit rings umher anstellte, lockten seinen Blick von neuem zu den tiefsten Erdschichten und geologischen Problemen hinab, und der frische Mut wie die Konsequenz des Mannes gewann ihm so lebhaften Anteil ab, daß er die erste im Weimarischen Lande errungene Steinsalz-Ausbeute der Saline zu Stotternheim mit jenem herrlichen Gedichte[28] begrüßte, das, indem es den Sieg der Wissenschaft und Technik über die feindseligen unterirdischen Kobolde und Gnomen darstellt, selbst wieder zum Triumph des Dichters über die sprödesten und ungefügigsten Stoffe wird.

Ein vielfaches Interesse gaben ihm die Hallischen Missionsberichte, wie überhaupt alles, was auf Verbreitung sittlichen Gefühls durch religiöse Mittel hinstrebte, und wenn die nähern Freunde zuweilen überrascht waren, ihn über dem Studium der theologischen Schriften eines Daub, Creuzer, Paulus, Marheineke, Röhr[29] oder selbst der Folianten der Kirchenväter zu finden, so wird der weite Kreis seiner Verehrer es vielleicht noch mehr sein zu vernehmen, daß er sich um die Zeit des Reformations-Jubiläums aufs eifrigste mit einer großen welthistorischen Kantate auf Luther und die Reformation beschäftigte, die sich nach allen Abteilungen aufs vollständigste skizziert unter seinen Papieren vorfindet.

Ich erinnere mich noch lebhaft der naiven Verwunderung eines wackern französischen Geistlichen aus Paris, der nur den großen Dichter zu besuchen geglaubt hatte, als Goethe im Laufe des Gesprächs ihm unvermutet die französische Kirchengeschichte der letzten drei Jahrhunderte in großartigen Umrissen aufrollte und mit den Lichtblitzen seiner Bemerkungen erhellte.

Mit demselben Interesse, mit welchem er sich ein andermal die Schlacht von Trafalgar von einem britischen Seemann bis ins kleinste Detail erzählen ließ,[30] verfolgte er die einzelnen Aufrisse und Baupläne, die man ihm bei jeder neuen vaterländischen Anlage, mochte sie eine Chaussee, Kirche, Schule, oder auch nur ein Torhaus betreffen, vorzulegen durchaus nicht ermangeln durfte.

Kaum wird unter den vielen tausend Reisenden, die in so vielen Jahren aus allen Ländern und Erdstrichen ihm naheten, irgend einer gewesen sein, der nicht gerade in seinem eigensten Berufe bei Goethe Anklang, Kenntnis und Teilnahme gefunden hätte. Einst war ich beauftragt, ihm einen Briten, der früher Gouverneur von Jamaica gewesen, mit seiner geistreichen Gemahlin zuzuführen; mehrere Stunden verstrichen schnell in lebhaftester Unterhaltung. Jetzt nach Jahren, findet sich in seinem Tagebuch notiert:

»Sehr erfreut der Bekanntschaft mit Lord und Lady …; sie gab mir erwünschte Gelegenheit, meine Kenntnisse der Zustände von Jamaica ziemlich vollständig zu rekapitulieren.«[31]

Einen ganz eigentümlich reichen Genuß gewährten ihm jedesmal die Besuche, welche sowohl die verewigte Großherzogin Luise, als die jetzt regierende Großherzogin-Großfürstin Maria ihm wöchentlich zu bestimmten Tagen und Stunden schenkten.

Kaum werden zartere, edler begründete Verhältnisse sich irgendwo wiederfinden: tief gefühlte Achtung und vertrauensvolle Offenheit, ein würdiges Mitteilen und ein hochsinniges Auffassen, der anmutigste Wechsel der Gegenstände und die beharrlichste Richtung des Bestrebens und des Gemüts.

Was auch im Laufe der Woche an interessanten Gegenständen in Kunst, Literatur und Naturwissenschaften bei Goethe einlief, – das erfreulichste war ihm stets dasjenige, was er seinen erhabenen Fürstinnen vorzeigen, erläutern, ihrer Teilnahme daran gewiß sein konnte. Trat zuweilen eine unwillkürliche Verhinderung jener Besuche ein, so war es ihm, als fühle er eine Lücke in seinem Dasein; denn gerade das Beständige, genau Wiederkehrende jener Tage und Stunden verlieh ihnen noch einen besonderen Reiz, der die ganz Woche hindurch erfrischend auf ihn wirkte. Bei der großen Mannigfaltigkeit äußerer Eindrücke und innerer Erfahrungen fand er in der Sicherheit dieses schönen, reinen Verhältnisses gleich sehr ein heiteres Ziel als einen wohltätigen Ruhepunkt, von welchem aus er sich wieder seinen stillen Weltbetrachtungen um so vielseitiger hingeben konnte.

Denn ihm war es Bedürfnis, von jedem noch so heterogenen Zustande einen deutlichen Begriff zu gewinnen, und die unglaubliche Fertigkeit, mit der er jedes Ereignis, jeden persönlichen Zustand in einen *Begriff* zu verwandeln wußte, ist wohl als das Hauptfundament seiner praktischen Lebensweisheit anzusehen, hat sicher am meisten beigetragen, ihn, den von Natur so Leidenschaftlichen, so leicht und tief Erregbaren, unter allen Katastrophen des Geschicks im ruhigen Gleichgewicht zu erhalten. Indem er stets das Geschehene, Einzelne sofort an einen höhern allgemeinen Gesichtspunkt knüpfte, in irgendeine erschöpfende Formel aufzulösen suchte, streifte er ihm das Befremdliche oder persönlich Verletzende ab und vermochte nun, es in der Form naturmäßiger Gesetzlichkeit ruhig zu betrachten, ja als ein Geschichtliches, gleichsam nur zur Erweiterung seiner Begriffe Erscheinendes, zu neutralisieren. Wie oft hörte ich ihn äußern: »Das mag nun werden wie es will, den Begriff davon habe ich weg, es ist ein wunderlicher komplizierter Zustand, aber er ist mir nun doch völlig klar.«

So gewöhnte er sich denn immer mehr, alles, was

im nähern und weitern Kreise um ihn vorging, als Symbol, ja sich selbst nur als geschichtliche Person zu betrachten, ohne darum an liebevoll persönlicher Teilnahme für Freunde und Gleichgesinnte abzunehmen. Vielmehr milderte ihm nur jene eigentümliche Weise der Weltbetrachtung die störenden Eindrücke einer wildbewegten, verhängnisvollen Gegenwart. Mochte er auch im Gewahrwerden der fieberhaften Erschütterung, mit der jenes Pariser Erdbeben von 1830 ganz Europa durchzuckt, mitunter halb verzweifelnd sich auslassen: »Außerhalb Trojas versieht man's und innerhalb Trojas desgleichen«,[32] so rief er doch gleich darauf seinem Zelter wieder beruhigend zu: »Man bedenke, daß mit jedem Atemzuge ein ätherischer Lethestrom unser ganzes Wesen durchdringt, so daß wir uns der Freuden nur mäßig, der Leiden und Sorgen kaum erinnern. Diese hohe Gottesgabe habe ich von jeher zu schätzen, zu nützen und zu steigern gewußt. Hierin bekräftigt mich das mir eben wieder erneuerte Wort jenes Alten: ›Ich lerne immerfort, nur daran merk' ich, daß ich älter werde.‹ Darf ich mich doch nicht beklagen, da mir noch der Sinn bleibt, das Gute, Schöne und Vortreffliche mit Enthusiasmus anzuerkennen. Friede mit Gott! und ein Wohlgefallen an wohlwollenden Menschen.«[33]

In diesem mehr als dreißigjährigen Briefwechsel mit Zelter – dem aufrichtigsten Geistes- und Herzenstausch, der je zwischen so originellen Naturen stattgefunden – legte er treulich alles nieder, was ihn freute und quälte, und schöpfte aus der Gegenbeichte des Freundes Erfrischung und Stärkung. Selten verging eine Woche, ohne daß diese inhaltreichen Briefe und Spiegelungen des innersten Daseins hin und her wechselten; mit gemütlicher Befriedigung abgesendet, als hätte man dem gegenwärtigen Freunde ins offne Auge geblickt, mit Ungeduld erwartet, zu stets erhöhtem Genusse empfangen, waren sie für beide ein unversieglicher Quell der Verjüngung. Wie das Ein- und Ausatmen dem Leben, so war beiden diese ununterbrochene Mitteilung zum notwendigsten Bedürfnis geworden; – nun, als die Pulse des einen stockten, wie konnte da der andere noch fortleben? –

Als Goethe das Hinscheiden seines einzigen Sohnes erfahren muß, schreibt er an Zelter: »Hier nun kann allein der große Begriff der Pflicht uns aufrecht erhalten. Ich habe keine Sorge, als mich im Gleichgewicht zu erhalten. Der Körper muß, der Geist will, und wer seinem Wollen die notwendigste Bahn vorgeschrieben sieht, der braucht sich nicht viel zu besinnen.«[34]

So drängt er denn den tiefsten Schmerz in sich zurück, greift rasch zu einer lang verschobenen Arbeit, »sich ganz darin zu absorbieren«.[35] In vierzehn Tagen hat er den vierten Band seines Lebens fast ganz vollendet, als die gewaltsam bekämpfte Natur sich rächt und ein heftiger Blutsturz ihn an den Rand des Grabes bringt.

Kaum ist er wundersam genesen, als er sein Haus aufs sorgsamste bestellt, seinen literarischen Nachlaß mit Heiterkeit ordnet und sich mit der Welt völlig abzuschließen eifrig bemüht.

Aber indem er seine Leistungen überblickt, verdrießt es ihn, den ›Faust‹ unvollendet zu verlassen; noch fehlt in der zweiten Abteilung der größte Teil des vierten Aktes; ihn würdig zu ergänzen, macht er sich zum Gesetz, und am Vorabend seines letzten Geburtstages darf er die höchste Aufgabe seines Lebens für vollendet erklären. Er verschließt sie mit zehnfachem Siegel, entflieht den Glückwünschen der Freunde und eilt, nach vielen, vielen Jahren den Ort frühester Bestrebungen und Sorgen wie genußreichster Lebensstunden, *Ilmenau*, wieder zu sehen. Die tiefe Ruhe der Wälder, der frische Hauch der Berge weht ihm neuen Lebensatem zu, gestärkten Sinnes kehrt er zurück und fühlt sich zu erneuten Naturbetrachtungen ermuntert.

Die Theorie der Farben wird rekapituliert, ergänzt, befestigt, die Natur des Regenbogens schärfer erforscht, über die Spiraltendenz der Pflanzenformation unermüdlich nachgesonnen.

»Von allen Geistern, die ich jemals angelockt« – hört man ihn sagen –, »fühl' ich mich rings umsessen, ja umlagert.«[36]

Zur Erholung läßt er sich den Plutarch vollständig vorlesen, doch auch an den neuesten Weltzuständen will er sein Urteil prüfen und nimmt die neuere französische Literatur – diese »Literatur der Verzweiflung«[37], wie er es nannte – mit einer Geduld und einem Eifer vor, als gelte es noch Dezennien dem bunten Spiel des Lebens zuzusehen. Dabei gewahrt er, wie der Streit zwischen *Cuvier* und *Geoffroy St. Hilaire* über den Urtypus der Tierwelt seine eigene Lieblingslehre berührt;[38] sogleich drängt es ihn, sich noch einmal frisch und keck darüber auszusprechen; er sendet seinen Aufsatz an *Varnhagen v. Ense*, läßt an dem nämlichen Tage noch Briefe reichsten Inhalts an Wilhelm v. Humboldt, Zelter, Graf Caspar v. Sternberg und andere Freunde abgehen: – da naht unerwartet der stille Genius, und in Mitte heiterster Tätigkeit, liebevollen Schaffens und Waltens sehen wir ihn abgerufen zu höherem, schönerm Wirken, auf daß jenes große Losungswort erfüllt werde, was er vor Jahresfrist den Seinen zurief:

»Es gilt am Ende doch nur vorwärts.«[39]

Marcel Reich-Ranicki

Gegenrede (1982)

I

Das bittere Wort Hölderlins, in Deutschland seien die Dichter »wie Fremdlinge im eigenen Haus« – gilt es mittlerweile auch für Goethe? Die Frage mag verwundern. Denn nach wie vor ist er die majestätische Galionsfigur der deutschen Literatur, immer noch dient sein Porträt als Wappen des deutschen Geistes. Ja, der gesamte behördlich organisierte Kulturexport der Bundesrepublik erfolgt in seinem Namen: Er soll für die Qualität deutscher Wertarbeit bürgen. Goethe wird als Markenzeichen verwendet – wie Mercedes, Karajan oder Siemens. Und er hat viele Denkmäler im ganzen Land. Hat er auch viele Leser?

Sicher ist, daß die heutige Jugend kaum etwas von ihm wissen will. Die meisten Autoren der Beiträge in einem 1974 erschienenen Sammelband mit dem höhnisch oder zumindest skeptisch gemeinten Titel ›Von Goethe lernen?‹ wollen sich weder zu ihm bekennen, noch haben sie Lust, gegen ihn zu rebellieren.[1] Es dominiert, was schlimmer ist als Protest oder Verwerfung: Gleichgültigkeit.

Die Studenten lesen seine Hauptwerke nur widerwillig und flüchtig: Goethe gilt als verstaubt und langweilig. Wenn sich die ›Wahlverwandtschaften‹ bei jüngeren linksorientierten Germanisten eines verhältnismäßig guten Rufes erfreuen – was übrigens noch nicht auf die Kenntnis des Textes schließen läßt –, so vor allem deshalb, weil es über diesen Roman eine Abhandlung von Walter Benjamin gibt. In einem 1980 veröffentlichten Buch mit dem zweideutigen Titel ›Mein Gott Goethe‹ behauptet der Germanist Leo Kreutzer, daß »in unserer Gesellschaft eigentlich niemand mehr (auf Goethe) ernsthaft Anspruch« erhebe. An ihn knüpfe »keine Idee mehr an, die noch irgendeine nennenswerte Rolle zu spielen vermöchte«[2].

Jenen, die Goethe in unseren Jahren ignorieren wollen oder die ihn direkt oder indirekt ablehnen, kann man Originalität schwerlich nachrühmen: Sie sind allesamt nur Epigonen. Daß schon seine Frühwerke, ›Götz von Berlichingen‹ und ›Werther‹, neben begeisterter Zustimmung auch heftige Entrüstung hervorriefen, ist bekannt und, bedenkt man den Zeitgeist und den geschichtlichen Hintergrund, nicht unbegreiflich.

Was damals begann, hat nie ganz nachgelassen: der deutsche Widerstand gegen Goethe. So unterschiedlich seine Etappen im Laufe dieser zwei Jahrhunderte waren, so unverkennbar ist die Tatsache, daß nahezu jede neue literarische Generation versucht hat, sich zunächst einmal von Goethe zu distanzieren oder gar in der Meuterei gegen ihn zu profilieren. Gewiß, groß ist die Zahl der Schriftsteller, die ihn geschätzt, noch größer die Zahl jener, die ihn nachgeahmt haben. Er wurde bewundert, doch nicht geliebt. Und er wurde eher glorifiziert als akzeptiert. Anders als Schiller oder Hölderlin, Rilke oder George war er, sieht man von der ›Werther‹-Zeit ab, nie ein Dichter der deutschen Jugend: Sie war nicht bereit oder fähig, sich mit Goethe – wie etwa mit Kleist oder Büchner – zu identifizieren.

Den hundertsten Geburtstag Schillers hatte man 1859 in ganz Deutschland enthusiastisch gefeiert: Es war ein nationales Ereignis, eine vaterländische Manifestation großen Stils. Hingegen wurde, zehn Jahre früher, der hundertste Geburtstag Goethes kaum bemerkt. 1849 habe sich gezeigt – klagte einst der Literaturhistoriker Viktor Hehn –, daß Goethes Ansehen in Deutschland »von der Nichtachtung bis zur Verachtung gesunken«[3] war.

Erst erheblich später, gegen Ende des Jahrhunderts, veränderte sich das Bild. Vom Schatten Schillers befreit, avancierte Goethe, genauer: der Dichter des ›Faust‹, zur zentralen Figur der nationalen Identität der Deutschen. Dies aber wirkte sofort provozierend. Da man ihn als Sinnbild und Verkörperung der offiziellen Kultur verwendete, mußte er zugleich als Zielscheibe herhalten. Zusammen mit dem Sockel seines Denkmals wuchs die ohnehin schon verbreitete Abneigung gegen jenen, den man so gern als »Olympier« oder »Geheimrat« denunzierte. Die sich gegen Goethe wehrten, meinten häufiger den Repräsentanten als den Poeten. Doch wann immer Deutschland in eine Identitätskrise geriet – und zwei Weltkriege haben hierfür hinreichend gesorgt –, besann man sich auf sein gigantisches und schwieriges und nach wie vor nur zu einem kleinen Teil bekanntes Werk.

Indes fällt es auf, daß die längst zur Tradition gehörenden Attacken gegen Goethe immer wieder repetieren und paraphrasieren, was schon die Romantiker und erst recht die Sprecher des Jungen Deutschland, zumal Börne, noch zu Goethes Lebzeiten gegen ihn vorzubringen hatten. Dabei richtete sich der Unwille, woher er auch kam, häufiger gegen Goethes Charakter als gegen seine Sprache und eher gegen sein Weltbild als gegen seine Kunstleistung. Man beschimpfte ihn als »Fürstenknecht«, »Despotendiener« und »Reaktionär«, und man beschuldigte ihn zugleich – nun von ganz anderer Seite – des Mangels an Nationalbewußtsein, an Patriotismus und auch an Christentum.

Sicher ist, daß sie es nie leicht miteinander hatten und haben: Goethe und die Deutschen. Die Vokabel »deutsch« wurde von ihm zwar häufig verwendet, aber meist im abfälligen Sinne, zornig oder gar verächtlich. Er mochte seine Landsleute nicht und wollte daraus kein Hehl machen: Er mußte immer wieder auf sein Mißtrauen und seine Abneigung wenigstens hinweisen, er benutzte jede Gelegenheit, um zu diesem Thema zurückzukehren.

Man würde es sich zu leicht machen, wollte man übersehen, daß es sich hier um eine bisweilen schmerzhafte Selbstauseinandersetzung handelte: Wie Kleist verzweifelt an den Ketten zerrte, die ihn an Preußen banden, wie Heine unentwegt an seinen Wurzeln riß, die nicht anderswo zu suchen sind als in seinem Judentum, so haderte Goethe ein Leben lang nicht etwa mit seinem Deutschtum, wohl aber mit einem Phänomen, dessen Existenz er hartnäckig in Frage stellte – mit Deutschland. Natürlich konnte er diesen Begriff nicht umgehen; nur daß er sich weigerte, ihn im politischen oder nationalen Sinne aufzufassen. Es war für ihn nicht mehr und nicht weniger als ein Kulturbegriff. Die Xenie mit der Überschrift ›Das deutsche Reich‹ sagt es sehr deutlich:

Deutschland? Aber wo liegt es? Ich weiß das Land nicht zu finden,
Wo das gelehrte beginnt, hört das politische auf.

Dieser schroffen Gegenüberstellung von Innenwelt und Außenwelt entspricht ein hartes Urteil Goethes aus dem Jahre 1808: »Deutschland ist *nichts*, aber jeder einzelne Deutsche ist viel. Und doch bilden sich letztere gerade das Umgekehrte ein. Verpflanzt, zerstreut wie die Juden in alle Welt müßten die Deutschen werden, um die Masse des Guten ganz und zum Heil aller Nationen zu entwickeln, die in ihnen liegt.«[4]

Von der nationalen Aufbruchstimmung während der Freiheitskriege ließ sich Goethe nicht beirren. Er erklärte 1813 unzweideutig und nicht ohne Trotz: »Glauben Sie ja nicht, daß ich gleichgültig wäre gegen die großen Ideen Freiheit, Volk, Vaterland. Nein; diese Ideen sind in uns; sie sind ein Teil unseres Wesens, und niemand vermag sie von sich zu werfen. Auch liegt mir Teutschland warm am Herzen. Ich habe oft einen bitteren Schmerz empfunden bei dem Gedanken an das teutsche Volk, das so achtbar im Einzelnen und so miserabel im Ganzen ist. Eine Vergleichung des teutschen Volkes mit anderen Völkern erregt uns peinliche Gefühle, über welche ich auf jegliche Weise hinweg zu kommen suche; und in der Wissenschaft und in der Kunst habe ich die Schwingen gefunden, durch welche man sich darüber hinweg zu heben vermag …«[5]

Hinter solchen verstreuten und meist vom Unwillen zeugenden Äußerungen Goethes verbirgt sich jene unkomplizierte Konzeption, die in seinem großen Gespräch mit Eckermann am 23. Oktober 1828 zu finden ist. Goethe spricht hier von der künftigen Einheit Deutschlands und gibt sich jetzt, anders als in früheren Jahren, durchaus optimistisch, doch mit einer für ihn sehr bezeichnenden, betont pragmatischen Begründung: »Mir ist nicht bange, daß Deutschland nicht eins werde: unsere guten Chausseen und künftigen Eisenbahnen werden schon das ihrige tun.«[6]

Doch mit dieser Prognose verbindet Goethe eine nachdrückliche Warnung. Groß sei Deutschland »durch eine wundernswürdige Volkskultur, die alle Teile des Reichs gleichmäßig durchdrungen« habe und deren »Träger und Pfleger« die einzelnen Fürstensitze seien. Unvorstellbar sei für ihn die deutsche Kultur, wenn es seit Jahrzehnten nur die beiden Residenzstädte Wien und Berlin gegeben hätte. Goethe befürwortet also die Aufrechterhaltung der Kleinstaaterei, weil nur diese das erwünschte Kulturniveau ermöglichen könne. Und andere Aspekte des menschlichen Zusammenlebens? Gewiß, in einem Nebensatz erwähnt er auch den Wohlstand, meint jedoch rasch und etwas leichtsinnig, er gehe »mit der Kultur Hand in Hand«[7].

So ist in Goethes Sicht der Staat nicht ausschließlich zwar, doch vor allem als Garant der Kultur zu bewerten; sonstige Elemente scheinen da nebensächlich. Kein Zweifel, im Unterschied zu Schiller blieb Goethe, dem langjährigen Minister von Sachsen-Weimar, das politische Denken fremd. Von einer etwaigen Veränderung der Gesellschaftsstruktur wollte er nichts wissen – seine Anschauungen waren in dieser Hinsicht betont konservativ und patriarchalisch.

Die Französische Revolution war ihm zuwider, er beurteilte sie vom Standpunkt des Ancien régime. Berühmt ist sein Ausspruch: »Von hier und heute geht eine neue Epoche der Weltgeschichte aus, und ihr könnt sagen, ihr seid dabei gewesen.« Goethe mag diesen Satz tatsächlich nach der Kanonade von Valmy im September 1792 gesprochen haben, beweisen kann man es allerdings nicht. Denn unsere einzige Quelle ist leider nicht ganz zuverlässig: Goethe zitiert die effektvolle Sentenz in seinem autobiographischen Bericht ›Kampagne in Frankreich‹. Dieser aber ist 1822 erschienen und wurde erst kurz davor, also rund dreißig Jahre nach dem beschriebenen Vorfall, verfaßt.

Ein politisches Drama – wie etwa Schillers ›Maria Stuart‹ – ist aus Goethes Feder schwer vorzustellen. Im Mittelpunkt seines einzigen Schauspiels, das doch einen politischen Kampf behandelt, steht ein Mann, der diesem Kampf nicht gewachsen ist und deshalb untergehen muß – der Graf Egmont. Aber so gewiß Goethe von emanzipatorischen Bestrebungen in der Regel nichts hielt, so war er auch nicht bereit, die patriotische Propaganda zu unterstützen. Während Schiller seine späten Dramen mit jenen nationalen Sprüchen garnierte, nach denen sich das Publikum damals sehnte – »Nichtwürdig ist die Nation, die nicht ihr Alles freudig setzt an die Ehre«, »Wir wollen sein ein einzig Volk von Brüdern ...«, »Ans Vaterland, ans teure, schließ dich an« –, scheute sich Goethe nicht, den Patriotismus auf seine Weise zu verstehen und zu modifizieren. In seinem 1772 gedichteten ›Felsweihe-Gesang an Psyche‹ findet sich die überraschende Strophe:

Da wo wir lieben,
Ist Vaterland,
Wo wir genießen,
Ist Hof und Haus.

In Goethes letztem Roman, ›Wilhelm Meisters Wanderjahre oder Die Entsagenden‹, wird dieses Diktum des jugendlichen Poeten abgewandelt. Jetzt heißt es: »Man hat gesagt und wiederholt: Wo mirs wohlgeht ist mein Vaterland! Doch wäre dieser tröstliche Spruch noch besser ausgedrückt, wenn es hieße: Wo ich nütze ist mein Vaterland!« Die kühnen Worte haben übrigens keinen Sturm der Entrüstung hervorgerufen. Denn die ›Wanderjahre‹ gehören zu jenen Werken Goethes, die zu seinen Lebzeiten von Kritik und Publikum nahezu ignoriert wurden.

Wie er den Nationalismus entschieden abgelehnt und den Patriotismus zumindest angezweifelt hat, so bekannte er sich im Alter demonstrativ zu einem großzügig-urbanen Kosmopolitismus. Sein berühmtes Diktum von 1827 – »Nationalliteratur will jetzt nicht viel sagen, die Epoche der Weltliteratur ist an der Zeit«[8] – gehört ebenfalls in diesen Zusammenhang. Freilich hat das Votum für eine die nationalen Grenzen sprengende Literatur auch mit Goethes Situation zu tun, mit seinem Selbstverständnis als Autor.

Er war einst mit dem ›Werther‹ geworden, was man vor ihm nicht gekannt hat: ein deutscher und doch international berühmter Dichter, einer, dessen »Büchlein« (so pflegte er den Roman zärtlich zu bezeichnen) auch im fernsten Ausland ein erstaunlich starkes Echo fand. Während Goethes Ruf in der Heimat später verschiedenen und heute meist unterschätzten Schwankungen unterlag, wurde seine Person zum Objekt der Bewunderung, ja der Verehrungsbedürftigkeit der ganzen Menschheit. Es hieße die Dinge ungebührlich vereinfachen, wollte man in diesem Umstand die Ursache der kosmopolitischen Einstellung Goethes sehen. Aber er hat sie auf jeden Fall begünstigt.

Anders als Lessing, Schiller oder Kleist war Goethe ein Europäer. Von welchem deutschen Dichter des achtzehnten oder neunzehnten Jahrhunderts könnte man dies ebenfalls sagen? Gewiß, von dem ein halbes Jahrhundert nach ihm geborenen Heine. Aber dieser war es der Not gehorchend, jener aus eigenem Willen und Antrieb. Der Jude aus Düsseldorf wählte sich die prunkvolle Hauptstadt Frankreichs, einen Wallfahrtsort der Künstler, zu seinem Asyl. Der Protestant aus Frankfurt machte hingegen aus seinem fürstlichen Asyl, einer winzigen und verschlafenen Residenzstadt, einen Wallfahrtsort der europäischen Intellektuellen.

Die Welt allerdings ist gewohnt, Goethe für die Personifizierung des *deutschen* Geistes zu halten. Nie sei »die kühle und souveräne Beurteilung des Deutschen aus deutscherem Gemüte gekommen«[9], meinte Thomas Mann und charakterisierte seine lebenslängliche Beschäftigung mit Goethes Werk und Biographie als »die Versenkung ... eines Deutschen in das Deutsche«[10]. Trifft diese Kennzeichnung zu? Kann also Goethe tatsächlich mit dem, was man den deutschen Geist nennt, gleichgesetzt werden?

Seine Bühne bevölkern Schwächlinge und Hysteriker, Sünder und Irrende: der zweideutig-verräterische, skrupellos-ehrgeizige Clavigo, der unberechenbare, leichtsinnig-unseriöse Egmont, die zarten Neurotiker Werther und Tasso, der Verführer Faust. Kann als der deutscheste aller deutschen Dichter gelten, wer im ›Werther‹ den Selbstmord und in der ›Stella‹ die Bigamie verteidigt hat? Die Geschichte jenes Intellektuellen, der zunächst erkennen will, was die Welt im Innersten zusammenhält, doch sehr bald nach dem Strumpfband eines Mädchens schmachtet – hat das mit deutschem Geist zu tun? Zeugt davon jenes metaphysische Panoptikum, jene gigantische Menschheitsrevue, die auf die Worte zuläuft: »Das Ewigweibliche zieht uns hinan«? Ist dies der deutschen Weisheit letzter Schluß?

Natürlich wäre es müßig, wenn nicht absurd, Goethes Deutschtum in Frage zu stellen. Nur sollte man sich darüber im klaren sein, daß seine Werke alle Vorstellungen von dem, was deutscher Geist ist und sein kann, weit hinter sich lassen. Daraus ergibt sich freilich auch eine bittere Einsicht: Goethe vermochte das Bild, das sich die Welt von Deutschland macht, nicht entscheidend zu prägen. Dies haben eher jene getan, die ein halbes Jahrhundert nach seinem Tod die Macht in Deutschland ausübten. Ähnlich wurde in unserer Epoche der Begriff »deutsch« durch Thomas Manns Œuvre neu definiert und festgesetzt. Aber das Deutschlandbild eines großen Teils der Menschheit hat ein anderer geschaffen: Adolf Hitler.

Diese beiden Namen, Thomas Mann und Adolf Hitler, symbolisieren deutsche Kultur und deutsche Barbarei. Das jedoch ist das Begriffspaar, dessen sich

Goethe immer wieder bedient. Die Summe seiner Dichtungen und Abhandlungen, Briefe und Gespräche ist eine gewaltige Manifestation des Anti-Barbarentums. Goethes selbstkritisch-schnoddrige Formulierung in einem Brief an Schiller, die ›Iphigenie auf Tauris‹ sei »ganz verteufelt human«[11], wird von Generationen seiner Kritiker mit Vergnügen und hämischer Genugtuung zitiert. Aber tatsächlich ist dieses Schauspiel, vielleicht das einzige vollkommene Drama, das in deutscher Sprache geschrieben wurde, im tiefsten Sinne eben human.

Die berühmten Verse, die der alte Goethe einem Berliner Schauspieler in ein Exemplar der ›Iphigenie‹ schrieb – »Alle menschlichen Gebrechen / Sühnet reine Menschlichkeit« –, diese sechs Worte reichen aus, um den Gedanken anzudeuten, der gleichsam die Achse seines Lebenswerkes bildet. Wie Schiller der Dichter der moralischen Idee und Kleist jener der tragischen Passion war, so war Goethe der Poet der reinen Menschlichkeit.

In Schillers Gedicht ›Die Künstler‹ heißt es: »Der Menschheit Würde ist in eure Hand gegeben.« In den ›Wahlverwandtschaften‹ hingegen notiert Ottilie in ihrem Tagebuch: »Das eigentliche Studium der Menschheit ist der Mensch.« Bei Schiller leidet der Mensch um der Menschheit willen. Bei Goethe wird die Menschheit gerichtet, weil der Mensch leiden muß.

Schillers Wort über den ›Egmont‹, die Einheit dieses Stückes liege »weder in den Situationen noch in irgendeiner Leidenschaft, sondern sie liegt in dem Menschen«[12], trifft auf das ganze Werk Goethes zu – vom ›Goetz von Berlichingen‹ bis zum zweiten ›Faust‹, vom ›Werther‹ bis zu den ›Wanderjahren‹. Nicht Thesen oder Ideen, Konflikte oder Probleme, Handlungen oder Situationen stehen im Mittelpunkt, sondern versagende Individuen, die Goethe nicht anklagt, sondern verteidigt und bisweilen verklärt. Mit Kategorien wie »Pflicht« oder »Freiheit« kann man sich zwar dem Werk Schillers nähern, doch gewiß nicht jenem Goethes. Die Vokabel, die in seinen Schriften am häufigsten vorkommt, ist, wie man ausgerechnet hat, »Liebe«. Und er hat dieses Wort ebenso im erotischen wie im platonischen Sinne verwendet: Das Ewigweibliche, das uns hinanzieht, und die reine Menschlichkeit, die alle menschlichen Gebrechen sühnet – das sind bei Goethe Synonyme.

So war er nie ein militanter Dichter, nicht einmal in seiner kurzen Sturm- und Drang-Periode. Das wichtigste Thema der Verse auch dieser Jahre ist die Liebe. Während Schiller sein Jahrhundert in die Schranken zu fordern versuchte, während er, wie sein Nachfolger, der Moralist und Ideendichter Bertolt Brecht, die Welt verändern wollte, hatte es Goethe stets auf andere und scheinbar bescheidenere Ziele abgesehen: Er wollte, wie sein Erbe Thomas Mann, nur den Menschen erziehen, das Individuum bilden.

Und beide, Goethe wie Thomas Mann, mochten nie den Bannerschwinger machen, trugen nie eine Fahne, der sich folgen ließe. Auch kann man ihnen das tragische Scheitern, das die Attraktivität Hölderlins und Kleists so sehr erhöht hat, nicht nachsagen. Die Tatsache, daß Goethe und Thomas Mann bei den jungen Deutschen, Generation auf Generation, mit erschrekkender Regelmäßigkeit unbeliebt waren und es weiterhin sind, mag damit zusammenhängen.

Ein großer Teil des Goetheschen Werks wurde von den Zeitgenossen zwiespältig aufgenommen, mißbilligt oder verworfen. Zu sehr hat er an der Erfolglosigkeit gelitten, als daß man jenen glauben könnte, die – wie beispielsweise Klabund – leichtsinnig genug waren, zu schreiben: »Er war vielleicht der glücklichste Mensch, der je gelebt hat …«[13] Trotz allem, was er erreicht hat, trifft eher das Gegenteil zu: Seine aus dem Jahre 1830 stammende Formulierung »Ein deutscher Schriftsteller, ein deutscher Märtyrer!«[14] war keineswegs allgemein gedacht, sondern als Quintessenz seiner literarischen Laufbahn.

Nach dem ›Werther‹ verschwand Goethe – wie Adam Müller 1804 konstatierte – »mit jedem größeren Werke mehr und mehr aus dem Gesichtskreis der Menge«[15]. Kein Theater wollte ›Iphigenie auf Tauris‹ in den Spielplan aufnehmen. Erst nach vierzehn Jahren wurde das 1786 vollendete Schauspiel vom Wiener Burgtheater uraufgeführt. Indes mißfiel die Premiere, weshalb man die ›Iphigenie‹ sofort ins Theater am Kärntner Tor verbannte. Auch dort kamen nur zwei Vorstellungen zustande. Noch schlimmer erging es

›Torquato Tasso‹: Kein deutschsprachiges Theater war an Goethes Drama interessiert. Die Uraufführung fand erst nach achtzehn Jahren statt – an dem von Goethe geleiteten Weimarer Hoftheater.

Der 1808 erschienene erste Teil des ›Faust‹ war das letzte Werk Goethes, dem ein unzweifelhafter Ruf und eindeutiger Erfolg zuteil wurde. Die ›Wahlverwandtschaften‹ hat Goethe nicht ohne Resignation »als ein Zirkular an meine Freunde« gesandt, »damit sie meiner wieder einmal an manchen Orten und Enden gedächten«[16]. Das Echo der Kritik war kühl und eher skeptisch.

Zu den wenigen positiven Reaktionen auf die ›Wahlverwandtschaften‹ gehörte eine Abhandlung von Bernhard Rudolf Abeken, veröffentlicht in der Zeitschrift ›Morgenblatt für gebildete Stände‹, die übrigens vom selben Johann Friedrich Cotta verlegt wurde, der auch den rezensierten Roman verlegt hatte. Die Abhandlung gefiel Goethe: Er genierte sich nicht, auf eigene Kosten einen Sonderdruck anfertigen zu lassen, und hatte keine Hemmungen, ihn an seine Freunde zu verschicken. Aber der Mißerfolg blieb den ›Wahlverwandtschaften‹ treu: Niemand wollte das Buch kaufen. Noch um 1910, rund hundert Jahre nachdem der Roman erschienen war, wurden von der Cotta'schen Buchhandlung Exemplare der Erstausgabe zum Originalpreis angeboten.

Auch der ›West-östliche Divan‹ erwies sich als nahezu unverkäuflich, auch in diesem Fall war die Erstausgabe noch in unserem Jahrhundert nicht vergriffen. Der Roman ›Wilhelm Meisters Wanderjahre‹ schließlich wurde als müdes und eher peinliches, auf jeden Fall mißlungenes Alterswerk abgelehnt.

Nie hat sich Goethe damit abgefunden, daß der größte Teil seines gewaltigen Œuvres, zumal die in seinen späten Jahren entstandenen Arbeiten, nur ein schwaches Echo hatte. Er war ein viel zitierter und wenig gelesener, ein weltberühmter und kaum bekannter Autor – auch und gerade in Deutschland.

Natürlich suchte er die Schuld beim Publikum. 1828 sagte er zu Eckermann: »Meine Sachen können nicht popular werden … Sie sind nicht für die Massen geschrieben, sondern nur für einzelne Menschen, die etwas Ähnliches wollen und suchen …«[17] Indes: Vor Tische las man's anders. Als seine Sachen sehr wohl »popular werden« konnten, als die Leser vom ›Götz‹ begeistert und vom ›Werther‹ ergriffen waren, da äußerte sich Goethe respektvoll und befriedigt über den Instinkt des Publikums und rühmte dessen Geschmack.

Sicher ist: Auch er war auf die Zustimmung angewiesen, auch er brauchte das Lob. Thomas Mann sprach in diesem Zusammenhang von Goethes »Schwachheit« und fügte hinzu: »Er ist sehr groß, aber er ist wie wir alle.«[18] Und das soll wohl heißen: wie wir Schriftsteller, die wir ohne Anerkennung nicht produzieren können, die wir also abhängig sind von der Welt, für die wir schreiben.

II

So genau wir über Goethe informiert sind, so erfahren wir doch über seine Abhängigkeit von der Umwelt nicht allzu viel. Wer sein Leben darzustellen versucht, steht auch dann unter dem übermächtigen Einfluß seiner autobiographischen Schriften, seiner Briefe und Gespräche, wenn er sich ihnen widersetzen oder sie gar widerlegen möchte. Indes lassen diese Dokumente zwar deutlich erkennen, wie Goethe gesehen werden wollte, doch weniger deutlich, wie er wirklich war. Überdies besteht ein nicht geringer Teil seines epistolographischen Werks nur aus fiktiven, also von vornherein für die Veröffentlichung und für die Nachwelt bestimmten Briefen.

Vor diesem Hintergrund sollte man die jetzt zum ersten Mal vollständig publizierte Korrespondenz zwischen Goethe und seinem Verleger Johann Friedrich Cotta nicht unterschätzen.[19] Kurzweilig ist die Lektüre der beiden Bände nicht: Sie bieten fast ausschließlich Geschäftsbriefe, denen man nur in Ausnahmefällen literarischen Glanz nachsagen kann. Doch haben sie den Vorzug der makellosen Authentizität: Nicht obwohl, sondern eben weil sie oft nachlässig geschrieben oder rasch diktiert wurden, verraten sie mehr über ihren Verfasser als viele seiner virtuos formulierten Episteln.

Zunächst einmal: Das Bild, das sich aus dem Briefwechsel mit Cotta ergibt, läßt sich mit dem Klischee vom würdevollen Dichterfürsten und selbstzufriedenen Olympier beim besten Willen nicht in Einklang bringen. Jene Gelassenheit, die man gerne mit dem Beiwort »klassisch« versieht und die man Goethe ebenso nachgerühmt wie angekreidet hat, ist in diesem Briefwechsel kaum mehr zu finden. Er hat diese und ähnliche Rollen so konsequent und vollkommen gespielt, daß es noch heute schwerfällt, Schein von Sein zu unterscheiden.

So wenig Heine ein zynischer Dandy, Fontane ein urgemütlicher Berliner oder Thomas Mann ein vorbildlicher Bürger war, so wenig war Goethe ein gravitätischer Geheimrat. Der hier mit seinem Verleger korrespondiert, ist ein leidender und launenhafter Literat, unzuverlässig und ungerecht, eitel und ehrgeizig, einer, der Termine nicht einhalten kann und der Cotta belehrt, es lasse sich »eine Ausführung, nicht wie man wünscht, leisten, wenn die Arbeit zu einer bestimmten Zeit fertig seyn soll«[20].

Daß die Beziehungen zwischen Goethe und Cotta beispielhaft seien für die lebenslängliche Zusammenarbeit eines Dichters und eines Verlegers, daß sich hier zwei Fürsten ihres Fachs als ebenbürtige Partner gegenüberstanden – diese liebevoll gehegte Legende des deutschen Buchhandels ist eben nur eine Legende.

Gewiß finden sich in den vielen Briefen, die Goethe innerhalb von 35 Jahren an seinen Verleger gerichtet hat, auch einige schmeichelhafte Wendungen über Cotta. Er schätzte ihn, wie er 1797 an Schiller schrieb, als »einen Mann von strebender Denkart und unternehmender Handelsweise«[21], als tüchtigen und reichen Kaufmann, der den unschätzbaren Vorzug hatte, in die Literatur vernarrt zu sein und, vor allem, Goethe grenzenlos zu verehren. Aber Cotta war für ihn stets nur ein Geschäfts-, nie ein Gesprächspartner.

In der Korrespondenz geht es immer wieder um Ablieferungstermine und Presseankündigungen, um das Format und die Ausstattung der Bücher, um Illustrationen und Papierqualität, um den Versand von Rezensionsexemplaren, um Druckfehler, um Honorare und Abrechnungen. Von Literatur hingegen ist so gut wie nie die Rede.

Natürlich wußte Cotta, daß Goethe auf Lob wartete – und er blieb ihm in dieser Hinsicht nichts schuldig. Ob er aber die ihm zugeschickten Manuskripte tatsächlich gelesen hat oder eher lesen ließ, kann man schwer entscheiden: Jedenfalls bieten seine Äußerungen immer nur nichtssagende und daher austauschbare Huldigungen. Zu ›Hermann und Dorothea‹ schrieb er: »Man kann sich nicht satt daran lesen, weil man bei jeder Zeile neue Schönheiten entdeckt.«[22] Und über ›Wilhelm Meisters Wanderjahre‹: »Es ist ein göttlich schönes Werk!«[23]

Wenn Cotta Goethe mit einem anderen Dichter zu vergleichen wagt, dann höchstens mit Homer. Wenn er nach seiner Gesundheit fragt, dann fügt er, sich gleichsam entschuldigend, hinzu: »Es wird so schwer beim Unsterblichen ans Sterbliche zu denken.«[24] In einem Brief aus dem Jahre 1802 bringt es Cotta fertig, unter den letzten acht Worten dreimal die Vokabel »untertänig« zu verwenden.[25]

Andererseits nähern sich Goethes Manuskriptangebote bisweilen einem Gnadenakt. Als er die beiden von ihm übertragenen und in Weimar ohne Erfolg gespielten Voltaire-Trauerspiele ›Mahomet‹ und ›Tancred‹ bei Cotta publiziert sehen wollte, schrieb er: »... fühle ich mich nicht abgeneigt sie zum Druck zu bringen, um so mehr als ich, von mehrern Seiten her, um Communikation ersucht werde, und biete sie Ihnen deshalb an ... Beyde Stücke würde ich für 500 rt Sächsisch auf Jubilate zahlbar überlassen.«[26]

In Geldangelegenheiten ließ Goethe nicht mit sich spaßen: Er verlangte viel und stellte harte Bedingungen. Der die verlegerischen Verbindungen zwischen Goethe und Cotta arrangiert und oft zwischen ihnen vermittelt hatte, machte sich keine Illusionen über Goethes Charakter: Schiller. 1789 schrieb er an Körner: »Öfters um Goethe zu sein, würde mich unglücklich machen ... Ich glaube in der Tat, er ist ein Egoist in ungewöhnlichem Grade ... Ein solches Wesen sollten die Menschen um sich herum nicht aufkommen lassen.«[27] Und wenige Tage später: »Dieser Charakter gefällt mir nicht – ich würde mir ihn nicht wünschen, und in der Nähe eines solchen Menschen wäre mir nicht wohl.«[28]

Wir wissen: Es ist anders gekommen. Die oft beschworene Goethe-Schiller-Freundschaft hat es allerdings nie gegeben, eher eine Art Interessengemeinschaft, ein Bündnis mit gegenseitiger Anerkennung, mit viel Bewunderung und wenig Herzlichkeit. Goethe konnte Frauen lieben, die Freundschaft mit Männern war seine Sache nie: Er hatte eine Schwäche eher für Trabanten.

Bei der Beziehung zu Schiller kam ein erschwerender Umstand hinzu: Schiller war im letzten Jahrzehnt seines Lebens ein außerordentlich erfolgreicher Autor, dessen zwischen 1799 und 1804 in schneller Folge vollendete Dramen (›Wallenstein‹, ›Maria Stuart‹, ›Die Jungfrau von Orleans‹, ›Die Braut von Messina‹ und ›Wilhelm Tell‹) im Bewußtsein der Öffentlichkeit die etwa gleichzeitig publizierten Arbeiten Goethes weit in den Schatten stellten.

Vor allem entsprachen Schillers Dramen, die den nationalen Widerstand gegen die Fremdherrschaft verherrlichten (also die ›Jungfrau‹ und der ›Tell‹), dem Zeitgeist, zumal der bei der jungen Generation vorherrschenden Stimmung: Hier fanden die Leser und die Zuschauer die unmißverständliche Widerspiegelung der aktuellen geschichtlichen Situation. Goethe hingegen war in diesen Jahren ein berühmter, doch erfolgloser Außenseiter, er galt als einer, der sich mit der Gegenwart nicht abfinden wollte, als trotziger Eskapist.

So war es für Schiller nicht ganz einfach, zwischen Goethe und Cotta zu vermitteln. Er warnte diesen vor jenem und jenen vor diesem und ermunterte doch beide zur Zusammenarbeit. Auf Cottas Aufrichtigkeit könne man sich – so schrieb er an Goethe – zwar verlassen, aber nur deshalb, weil er »mehr Eitelkeit als Eigennutz«[29] habe. Er schätzte Cottas Brauchbarkeit hoch ein, äußerte sich aber über dessen Charakter skeptisch – so in einem Brief an Goethe, in dem er sich eines nicht unbedingt gelungenen Bildes bediente: »Cotta mag immer aus derselben Druckerpresse kalt und warm blasen.«[30]

Andererseits hielt es Schiller für angebracht, Cotta über Goethe zu belehren: »Es ist, um es gerade heraus zu sagen, kein guter Handel mit G. zu treffen, weil er seinen Werth ganz kennt und sich selbst hoch taxiert, und auf das Glück des Buchhandels, davon er überhaupt nur eine vage Idee hat, keine Rücksicht nimmt. Es ist noch kein Buchhändler in Verbindung mit ihm geblieben. Er war noch mit keinem zufrieden und mancher mochte auch mit ihm nicht zufrieden seyn. Liberalität gegen seine Verleger ist seine Sache nicht.«[31]

Mehrfach machte Schiller Cotta darauf aufmerksam, daß Goethe an Geld sehr interessiert sei und man mit entsprechenden Angeboten viel bei ihm erreichen könne: »Was seine prosaischen Aufsätze anbetrifft« – schrieb Schiller an Cotta Ende 1794 –, »so würde es eine sehr gute Wirkung thun, wenn Sie ihm beym Abschluß der Rechnung nach der OsterMesse von freyen Stücken etwas zu dem ausgemachten Honorar zulegten. Sie legten ihm dadurch eine Verbindlichkeit auf, die Sie nicht viel kostete …«[32]

Vor allem möchte Schiller, daß Cotta sich um den ›Faust‹ bemühe: Dieser werde – so Schiller im Dezember 1798 – »freilich eine kostbare Unternehmung seyn«. Denn »das Werk ist weitläufig« und Goethe »rechnet auf ein derbes Honorar«. Es sei »aber auch ein ungeheurer Absatz zu erwarten«[33]. Im März 1800 wird Schiller noch deutlicher: »Ich fürchte, Goethe läßt seinen Faust, an dem schon so viel gemacht ist, ganz liegen, wenn er nicht von außen und durch anlockende Offerten veranlaßt wird, sich noch einmal an diese große Arbeit zu machen und sie zu vollenden … Er rechnet freilich auf einen großen Profit, weil er weiß, daß man in Deutschland auf dieses Werk sehr gespannt ist. Sie können ihn, das bin ich überzeugt, durch glänzende Anerbietungen dahin bringen, dieses Werk in diesem Sommer auszuarbeiten.«[34]

Cotta schreibt an Goethe prompt und etwas scheinheilig: »Wahrscheinlich haben Euer Excellenz während des Winters den Faust seiner Vollendung nahe gebracht …« – und offeriert ihm 4000 »Reichs Geld«.[35] Als ein halbes Jahr später das Manuskript immer noch nicht zu sehen ist, bittet er Goethe um die Erlaubnis, die bevorstehende Veröffentlichung des Werks mit einer »vorläufigen Anzeige« ankündigen zu dürfen.[36] Wie man sieht, wurden die heute üblichen Methoden, prominente, doch säumige Autoren unter

Druck zu setzen, schon damals praktiziert – in diesem Fall allerdings ohne Erfolg.

Schillers Geduld war bald zu Ende: Er, der gerade in dieser Zeit mit seinen Tragödien gut vorankam, hatte kein Verständnis für Goethes Zögern, für seine Schwierigkeiten und Krisen. Und so wie heute Schriftsteller hinter vorgehaltener Hand gern erzählen, dieser oder jener berühmte Kollege sei leider schon ganz am Ende und von ihm sei nichts mehr zu erwarten, so informierte auch Schiller Cotta im Dezember 1801, Goethe arbeite überhaupt nicht mehr und mache »auch keine Anstalten dazu«. Er fürchtete, »daß nichts mehr zu Stande kommen wird, wenn nicht eine große Veränderung mit ihm vorgeht. Er ist zu wenig Herr über seine Stimmung, seine Schwerfälligkeit macht ihn unschlüssig«, er zerstreue sich zu sehr.[37] Übrigens irrte sich Schiller nicht nur bezüglich des künftigen Werks von Goethe, sondern auch bezüglich seiner aktuellen Produktion: Im Jahre 1801 hatte Goethe ergiebig gearbeitet, unter anderem an der ›Natürlichen Tochter‹, die sich allerdings als eine der vielen erfolglosen Arbeiten des ›Werther‹-Autors erwiesen hat.

Im Mai 1802 zweifelte Schiller (wieder im Brief an Cotta), ob Goethe je den ›Faust‹ vollenden werde. Auf jeden Fall solle sich Cotta hinsichtlich des Finanziellen keine Illusionen machen: »Seine Forderungen werden groß seyn.«[38] In der Tat zeigt der Briefwechsel Goethe-Cotta, mit welcher Umsicht und Beharrlichkeit Goethe an seinen Vorteil dachte.

Während sich der Verleger bei dieser oder jener Gelegenheit brüstete, er sei bemüht, »aus der gewöhnlichen Schranke des calculirenden Kaufmanns zu tretten«,[39] betonte Goethe – um die bei marxistischen Theoretikern so beliebte Vokabel zu verwenden – den Warencharakter seiner literarischen Produkte: So bat er Cotta zu prüfen, ob eine italienische Übersetzung von ›Hermann und Dorothea‹ »bey den gegenwärtigen Neygungen des Publikums eine verkäufliche Waare seyn könne«[40].

Je härter Goethes Forderungen waren, desto delikater wurden seine epistolographischen Introduktionen. 1812 schrieb er aus Karlsbad, er fühle immer aufs neue, wie peinlich es sei, »mit Personen, mit denen man nur in sittlichem Verhältniss zu stehen wünscht, über öconomische Gegenstände zu handeln«. Aber schon im übernächsten Satz ließ er Cotta wissen, er werde seine »biographischen Arbeiten vorerst nicht weiter publiciren, wenn Ew. Wohlgeboren den Band nicht mit zweytausend Thalern honoriren können, so dass ich auch auf den ersten fünfhundert Thaler Nachschuss erhielte«[41]. Cotta akzeptierte sofort – es handelte sich immerhin um ›Dichtung und Wahrheit‹ –, bemerkte jedoch, wie es sich für einen Verleger schickt, »daß der Kaufmann hier ganz leer ausgeht«[42].

Erpressungen waren, wie man sieht, Goethe nicht fremd, und Cotta hat sich von ihm auch oft genug erpressen lassen. Als er wegen der Ausgabe letzter Hand verhandelte – »eine Ausgabe die man ohne Anmaßung eine *National-Angelegenheit* nennen darf«, wie Goethe unbescheiden und doch treffend schrieb –, wurde er von seinem Autor drohend belehrt, daß »man sich in den letzten Zeiten vor gesteigerten Anerbietungen, sogar mit höchster Empfehlung kaum zu retten weis«[43].

Und als Goethe Cotta die Korrespondenz mit Schiller anbot, schickte er ihm nur einige von den 900 Manuskriptblättern: Das Ganze könne er erst nach Erhalt einer »Assignation auf die verlangte Summe von Acht Tausend Thalern« liefern.[44] Cotta antwortete mit würdevoller Entrüstung, er sei bei einem Werk »von solchen Meistern« bereit, von der Regel abzusehen (»eine Waare vorher zu beschauen ehe man sie kauft und bezahlt«), doch sei für ihn Goethes Mißtrauen nach dreißigjähriger Zusammenarbeit »die schmerzhafteste Erfahrung«[45]. Aber er akzeptierte auch diesmal dessen Bedingungen.

Der Briefwechsel mit Schiller erwies sich indes als kommerzieller Fehlschlag. Goethe hatte über das »wundersame Manuscript« geschrieben: »Es wird im Augenblick die Neugierde befriedigen und für die Folge in literarischer, philosophischer, ästhetischer Hinsicht, ja nach vielen anderen Seiten hin höchst wirksam bleiben.«[46] Das war keineswegs übertrieben. Nur wollte das deutsche Volk von diesem Meisterwerk deutscher Essayistik vorerst nichts wissen: Cotta ließ dreitausend Exemplare drucken, von denen er – wie er Goethe im März 1830 mitteilte – kaum neunhundert absetzen konnte.

Die vom deutschen Buchhandel so gern besungene langjährige Zusammenarbeit zwischen Goethe und Cotta war also nur möglich, weil der Verleger immer tat, was der Autor wünschte. Dabei hatte es Cotta nicht leicht. Auch wenn Goethe in dieser Hinsicht nicht ganz so pedantisch war wie Schiller, so überließ er doch kaum ein Detail der Ausstattung und der Typographie seiner Arbeiten dem Verleger. Dieser mußte ihm vor jeder Publikation erst einmal Druckmuster und Papierproben vorlegen.

Andererseits waren Goethes Anweisungen nicht immer exakt. Als er Cotta das Manuskript von ›Wilhelm Meisters Lehrjahren‹ zuschickte und ihn bat, sich nun das »Arrangement« zu überlegen, fügte er knapp hinzu: »Ich wünsche, daß das Ganze heiter aussehen möge.«[47] Als jedoch Cotta den ›Faust‹ zu illustrieren gedachte, wollte Goethe nichts davon wissen: »Es ist so schwer, daß etwas geleistet werde, was dem Sinne und dem Tone nach zu einem Gedicht paßt. Kupfer und Poesie parodieren sich gewöhnlich wechselweise. Ich denke der Hexenmeister soll sich allein durchhelfen.«[48]

Auf Druckfehler reagierte Goethe sehr empfindlich, die Zeichensetzung hingegen war für ihn weniger wichtig. Während manche unserer heutigen Schriftsteller auf die Interpunktion zumindest teilweise verzichten möchten und damit nur die Lesbarkeit ihrer Texte reduzieren, schrieb Goethe, er lasse »dem Herrn Corrector die völlige Freyheit in gewissen Fällen nach eigenem Urtheil ein Comma herzustellen«[49].

Oft mußte der Verleger die Aufgaben einer Bank erfüllen: Rechnungen aus Süddeutschland, etwa von Weinlieferanten oder Kunsthändlern, ließ Goethe von Cotta begleichen. War sein Konto überzogen, so verfügte er, »das was ich Ihnen schuldig bleibe allenfalls Herrn Hofrath Schiller zuzurechnen mit dem ich alsdann schon überein kommen will«[50].

1806 beanstandete Goethe, daß in der von Cotta verlegten ›Allgemeinen Zeitung‹ seit einiger Zeit »Weimar, seine Verhältnisse, seine fürstlichen Personen, seine Privatleute sehr unschicklich und unanständig behandelt werden«. Cotta habe, verlangte Goethe, »diesen unwürdigen Redereyen ein Ende« zu machen. Der Brief schließt nicht etwa mit einem Gruß oder mit einer Höflichkeitsfloskel, sondern mit den rüden Worten »Nicht weiter!«[51] Cotta reagierte auf die Drohung devot und zerknirscht und sorgte dafür, daß in Zukunft in den von ihm verlegten Journalen über die Verhältnisse in Sachsen-Weimar nur das publiziert wurde, was Goethe selber schrieb oder zumindest akzeptierte.

Und wie er keine Bedenken hatte, höchstpersönlich als Zensor zu fungieren, so war auch Goethe nicht eben ein Gegner der behördlichen Zensur. Ihm und seinem Verleger machten die damals üblichen Nachdrucke oft zu schaffen. Cotta konnte jedoch (im Einvernehmen mit Goethe) veranlassen, daß die Zensur die Nachdrucke verhinderte, indem sie das Imprimatur verweigerte. 1809 klagte er seinem Autor: »Nun kommen die Franzosen und in der schönen Absicht den Censurzwang aufzuheben, erlauben Sie Drukfreiheit.«[52] Wenig später hat er für Goethe »die angenehme Nachricht«, daß »die wieder eingetrettene öster. Censur den Nachdruck von Hochdero Werken verhindern wird«[53]. Goethe nahm derartiges nicht ohne Genugtuung zur Kenntnis, denn er meinte ohnehin: »Was haben die Deutschen an ihrer charmanten Preßfreiheit gehabt? als daß jeder über den andern so viel Schlechtes und Niederträchtiges sagen konnte, als ihm beliebte.«[54]

In der Geringschätzung des Publikums waren sich beide – Goethe und Cotta – stets einig. Als sich die von Goethe redigierte kunsttheoretische Zeitschrift ›Propyläen‹ als nahezu unverkäuflich erwies – trotz intensiver Bemühungen fanden sich Abnehmer nur für 450 Exemplare pro Heft –, schrieb Cotta, er habe, da er den »falschen elenden Geschmack unsers teutschen Publikums« kenne, von Anfang an keinen Gewinn erwartet, »allein *so* glaubte ich doch nicht, dieses Publikum entgeistet und geschmacklos, wie es sich nun zeigte ...«[55]

Die Verachtung der Leser hat Goethe nicht gehindert, »eine schnelle und weite Verbreitung« seiner Schriften zu wünschen. Er forderte Cotta auf, Exemplare seiner Werke auch nach England, Frankreich und Italien zu schicken. Als dieser das ›Faust‹-Fragment in einer Einzelausgabe drucken wollte, antwortete Goethe knapp: »Je weiter es ausgesät wird, desto besser ist es.«[56]

Da ihm daran gelegen war, viel gelesen und beachtet zu werden, fürchtete er die Kritik, die er bisweilen zu ignorieren versuchte und nie ignorieren konnte. Den unlängst neu verlegten Briefen und Tagebüchern des Sulpiz Boisserée kann man entnehmen, wie gereizt sich Goethe über die Kritik des Novalis und der beiden Schlegels äußerte und wie er ihnen mitunter verübelte, daß sie dieses oder jenes seiner Werke nicht rezensiert hätten. Auch für Goethe gilt die alte Regel des literarischen Lebens: Kein Echo ist ebenfalls ein Echo, und nichts klingt schriller in den Ohren des Autors als das Schweigen der Kritik.

In den ›Noten und Abhandlungen zu besserem Verständnis des West-östlichen Divans‹ beklagte sich Goethe über »die Unbilden, die ich von meinen früheren Zeitgenossen zu erdulden hatte« und tröstete sich, daß ihn nachwachsende Geschlechter dafür doppelt und dreifach entschädigen würden. In einem an Cotta gerichteten Brief aus dem Jahre 1816 glaubte er feststellen zu können: »Nun drängt sich auch zu mir das Zutrauen so vieler Jüngeren, die, meinen guten Willen und meine Beharrlichkeit beachtend, sich an mich schliessen.«[57]

Derartige optimistische Hinweise lassen erkennen, wie sehr sich Goethe unterschätzt und verkannt fühlte. Als 1822 in Berlin Vorlesungen über seine Farbenlehre gehalten wurden, war der mittlerweile Dreiundsiebzigjährige glücklich: Nun dürfe er – schrieb er an Cotta – »nach dreysigjähriger Nichtachtung« noch hoffen, »ein bedeutendes und gefährliches Spiel zu gewinnen«. Ebenso beglücke ihn »das Wohlwollen des Auslands, wovon ich die schönsten Beweise nach und nach dem Innlande vorlegen und meinen Freunden zeigen darf, daß sie nicht, wie man der Nation gerne möchte glauben machen, einem wertlosen Manne unvernünftigen Beyfall zollten«[58]. Einem wertlosen Manne? Die absurde Formulierung ist gewiß nicht frei von Koketterie, und dennoch scheint sie symptomatisch für das mißtrauisch-enttäuschte Verhältnis des alten Goethe zu seiner deutschen Umwelt.

Übrigens beruht die weit verbreitete Ansicht, daß mit zunehmendem Alter eines Künstlers dessen Abhängigkeit von Zustimmung und Beifall sich eher mindere, auf einem simplen Irrtum. In der Regel trifft, wie auch das Beispiel Goethes lehrt, eher das Gegenteil zu. Noch der Achtzigjährige bittet Cotta um eine detaillierte Aufstellung, der er entnehmen könne, wieviele Exemplare seiner Werke in den einzelnen Provinzen und Städten verkauft wurden: »Der Autor mag doch gern erfahren wo die größte Gunst für ihn in seinem Vaterlande sich hervorthut.«[59]

Gerade in seinen letzten Jahren und Monaten sprach er immer wieder über die Mißgunst und den Haß seiner Zeitgenossen. »Wollen Sie aber wissen, was ich gelitten habe« – sagte er 1830 zu Eckermann –, »so lesen Sie meine ›Xenien‹, und es wird Ihnen aus meinen Gegenwirkungen klar werden, womit man mir abwechselnd das Leben zu verbittern gesucht hat.«[60] Und wenige Monate vor seinem Tod schrieb er an Boisserée: »Sogar als Dichter, der sein Licht nicht unter den Scheffel setzen will, mußt ich verzweifeln, indem ich auf die nächste unmittelbare Teilnahme Verzicht tat.«[61]

Dies ist auch die tiefste Ursache der vielen mißbilligenden und rabiaten Äußerungen Goethes über Deutschland und die Deutschen: Er war im Alter überzeugt, er habe sein Leben inmitten von Barbaren verbracht. Und er scheute sich nicht, die Unkenntnis seines poetischen Werks für den Beweis und den Gradmesser dieser Barbarei zu halten.

Im Gespräch mit dem Weimarer Schriftsteller Johann Daniel Falk sagte er über seine Landsleute: »Sie mögen mich nicht! ... Ich mag sie auch nicht! Ich habe es ihnen nie recht zu Danke gemacht!«[62] Und 1830 sprach er zu Eckermann von dem alten Haß, »mit dem man mich seit Jahren verfolgt und mir im stillen beizukommen sucht. Ich weiß recht gut, ich bin vielen ein Dorn im Auge, sie wären mich alle sehr gern los.«[63] Als Goethe am 22. März 1832 starb, hat eine der wichtigsten deutschen Zeitschriften, das in Stuttgart erscheinende ›Literaturblatt‹, diese Tatsache mit keinem Wort erwähnt.

Jedes Volk, heißt es, hat die Literatur, die es zu haben verdient. Wenn dies zutrifft, dann haben die Deutschen eine bessere.

Anmerkungen

Friedrich von Müller: Rede (1832)

Friedrich Theodor Adam Heinrich v. Müller (1779–1849), Justizbeamter in weimarischen Diensten, 1815 Kanzler in Weimar, einer von Goethes Vertrauten und sein Testamentsvollstrecker, hielt in der Akademie gemeinnütziger Wissenschaften zu Erfurt am 12. September 1832 eine Vorlesung über *Goethe in seiner practischen Wirksamkeit*, die unter diesem Titel als *Ein Beytrag zu Seiner Charakteristik* im selben Jahr im Verlag von Wilhelm Hoffmann in Weimar veröffentlicht wurde. – Unser Neudruck gibt Müllers Text ungekürzt, in modernisierter Orthographie, wieder.

1 Goethe zu Müller am 30. November 1816 über das Zeichnen: »Es entwickelt und nötigt zur Aufmerksamkeit, und das ist ja doch die höchste aller Fertigkeiten und Tugenden.« in: *Goethes Gespräche*. Biedermann-Herwigsche Ausgabe, Band II, S. 1170.

2 Vgl. Goethes Aufsatz *Von deutscher Baukunst.*

3 *Der Verfasser teilt die Geschichte seiner botanischen Studien mit.* in: *Goethes naturwissenschaftliche Schriften*, AGA (= Artemis-Gedenkausgabe) Bd. 17, S. 64.

4 AGA 11, S. 624.

5 AGA 1, S. 679.

6 Müllers Zitat folgt nur teilweise Goethes Brief vom 27. bis 29. Mai 1787 aus Neapel an Herzog Carl August, vgl. AGA 19, S. 76 ff.

7 Müllers Zitat folgt nur teilweise Goethes Brief vom 11. August 1787 aus Rom an Herzog Carl August, vgl. AGA 19, S. 89 f.

8 Das Zitat folgt nur teilweise Goethes Brief vom 12. bis

23. Dezember 1786 aus Rom an die Herzogin Luise, vgl. AGA 19, S. 45.

9 AGA 23, S. 824.

10 Kampagne in Frankreich, 4. Oktober 1792, AGA 12, S. 310.

11 Justus Christian v. Loder (1753–1832), Anatom und Professor der Medizin in Jena, Halle und Königsberg.

12 Band I von Humboldts *Ideen zu einer Geographie der Pflanzen nebst einem Naturgemälde der Tropenländer* (1807).

13 Christian Gottlob von Voigt (1743–1819), Geheimer Rat in Weimar, 1807 Oberkammerpräsident, 1815 Präsident des Staatsministeriums.

14 Rezensionen Goethes: über die lyrischen Gedichte von Johann Heinrich Voss (1804), über Johann Peter Hebels *Alemannische Gedichte* (1805), über die *Gedichte in Nürnberger Mundart* von Johann Konrad Grübel (1736–1809), vgl. AGA 14, S. 193, 428 und 436 ff.

15 Bleiche: Platz zum Bleichen von Wäsche außerhalb der Stadtmauern.

16 Goethe zu Kanzler Müller am 16. Dezember 1812, Biedermann-Herwig II, S. 756.

17 Vgl. *Dichtung und Wahrheit*, 10. Buch, AGA 10, S. 490.

18 Madame de Staël war am 14. Dezember 1803 nach Weimar gekommen und blieb hier bis zum 29. Februar 1804. Ihre zahlreichen, teilweise hitzigen Gespräche mit Goethe, vgl. Biedermann-Herwig I, S. 899 ff.

19 Goethe zu Kanzler Müller am 18. Mai 1821, Biedermann-Herwig III/1, S. 247.

20 Müllers Zitat folgt nur teilweise Goethes Brief an Zelter vom 29. April 1830, vgl. AGA 21, S. 903.

21 Müllers Zitat deckt sich teilweise mit Ausführungen Goethes in seinem Brief an Karl Ernst Schubarth vom 8. Juli 1818. Genauer ist es indessen nicht zu bestimmen.

22 Aufzeichnungen Müllers aus Goethes letzten Lebensjahren, vgl. AGA 23, S. 825.

23 König Ludwig I. von Bayern besuchte Goethe am 28. August 1827 und überreichte ihm das Großkreuz des Verdienstordens der Bayerischen Krone.

24 AGA 23, S. 826.

25 Müllers Zitat folgt teilweise Goethes Brief an Zelter vom 29. Januar 1830, vgl. AGA 21, S. 889 f.

26 Goethe an Zelter, 15. November 1831.

27 Karl Christian Friedrich Glenck (1779–1845), Mineraloge, Salinendirektor in Stotternheim.

28 *Die ersten Erzeugnisse der Stotternheimer Saline*, überreicht zum 30. Januar 1828, AGA 3, S. 757 ff.

29 Karl Daub (1765–1836), Professor der Theologie in Heidelberg. Gab mit Georg Friedrich Creuzer (1771–1858), Philologe und Altertumsforscher in Marburg und Heidelberg, die Zeitschrift *Studien* heraus. Heinrich Eberhard Gottlob Paulus (1761–1851), Professor für orientalische Sprachen in Jena, später in Heidelberg und Würzburg. Philipp Konrad Marheineke (1780–1846), protestantischer Theologe in Erlangen, Heidelberg und Berlin. Johann Friedrich Röhr (1777–1848), Pfarrer in Ostrau, seit 1820 Generalsuperintendent in Weimar. Hielt die Totenrede auf Goethe.

30 Vgl. *Tag- und Jahreshefte*, wonach 1806 ein in England wohnender Engländer namens Osborn Goethe die Schlacht von Trafalgar beschrieb, AGA 11, S. 798.

31 Eintrag vom 13. August 1828.

32 Vgl. Brief an Zelter vom 5. Oktober 1830, AGA 21, S. 936.

33 Müller verbindet hier zwei Zitate aus Goethe-Briefen an Zelter: 15. Februar 1830 (AGA 21, S. 892) und 17. September 1831 (AGA 21, S. 1006).

34 An Zelter, 21. November 1830 (AGA 21, S. 950).

35 An Zelter, 10.–14. Dezember 1830 (AGA 21, S. 952).

36 Zitat aus einem von Goethe in den endgültigen Brief an Zelter vom 3. Januar 1832 nicht gänzlich übernommenen Passus.

37 An Zelter, 18. und 28. Juni 1831 (AGA 21, S. 987 und 991).

38 Vgl. Goethes Aufsatz *Principes de philosophie zoologique …* (1830/32), in dem er sich mit der Theorie des französischen Zoologen Etienne Geoffroy Saint-Hilaire (1772–1844) befaßt, AGA 17, S. 380ff.

39 An Zelter, 6. November 1830 (AGA 21, S. 944).

Marcel Reich-Ranicki: Gegenrede (1982)

Die hier als *Gegenrede* gedruckte Arbeit erschien zuerst in der *Frankfurter Allgemeinen Zeitung* vom 18. August 1979. Den Anlaß boten der 230. Geburtstag Goethes und die erste Ausgabe seines Briefwechsels mit Johann Friedrich Cotta. Die Arbeit wurde für dieses Buch durchgesehen und an einigen Stellen ergänzt.

1 *Literaturmagazin 2. Von Goethe lernen?* Fragen der Klassikrezeption. Herausgegeben von Hans Christoph Buch. Das neue Buch 49, Rowohlt Taschenbuch Verlag, Reinbek bei Hamburg 1974.

2 Leo Kreutzer: *Mein Gott Goethe.* Essays. Das neue Buch 136, Rowohlt Taschenbuch Verlag, Reinbek bei Hamburg 1980, S. 153 f.

3 Viktor Hehn: *Gedanken über Goethe.* Berlin 1887, S. 170.

4 *Goethes Gespräche.* Eine Sammlung zeitgenössischer Berichte aus seinem Umgang. Auf Grund der Ausgabe und des Nachlasses von Flodoard Freiherrn von Biedermann ergänzt und herausgegeben von Wolfgang Herwig. Zweiter Band 1805–1817. Artemis Verlag, Zürich und Stuttgart 1969, S. 393.

5 Ebenda, S. 866.

6 Johann Peter Eckermann: *Gespräche mit Goethe in den letzten Jahren seines Lebens.* Mit einer Einführung herausgegeben von Ernst Beutler. Artemis-Gedenkausgabe, Band 24, S. 702.

7 Ebenda, S. 703 f.

8 Ebenda, S. 229.

9 Thomas Mann: *Reden und Aufsätze 1* (Gesammelte Werke

in dreizehn Bänden, Band IX), zweite, durchgesehene Auflage. S. Fischer Verlag, Frankfurt/M. 1974, S. 719.

10 Ebenda, S. 755.

11 *Der Briefwechsel zwischen Schiller und Goethe.* Herausgegeben von Emil Staiger. Zweiter Band. Insel Verlag, Frankfurt/M. 1977, S. 929.

12 *Schillers Werke* (Vierter Band: *Schriften*). Insel Verlag, Frankfurt/M. 1966, S. 372.

13 Klabund: *Literaturgeschichte.* Die deutsche und die fremde Dichtung von den Anfängen bis zur Gegenwart. Herausgegeben von Ludwig Goldschneider. Phaidon-Verlag, Wien 1929, S. 186.

14 Johann Peter Eckermann: *Gespräche mit Goethe in den letzten Jahren seines Lebens.* AGA 24, S. 732.

15 Adam Müller: *Kritische, ästhetische und philosophische Schriften.* Band 2. Kritische Ausgabe herausgegeben von Walter Schroeder und Werner Siebert. Hermann Luchterhand Verlag, Neuwied und Berlin 1967, S. 210.

16 *Goethes Briefe.* Band III. Textkritisch durchgesehen und mit Anmerkungen versehen von Bodo Morawe. Christian Wegner Verlag, Hamburg 1965, S. 117.

17 Johann Peter Eckermann: *Gespräche mit Goethe in den letzten Jahren seines Lebens.* AGA 24, S. 294.

18 Thomas Mann: *Reden und Aufsätze 1.* A.a.O., S. 348.

19 Goethe und Cotta: *Briefwechsel 1797–1832.* Textkritische und kommentierte Ausgabe in drei Bänden. Herausgegeben von Dorothea Kuhn. J.G. Cotta'sche Buchhandlung Nachfolger, Stuttgart 1979.

20 Ebenda, Band 1, S. 68.

21 Der Briefwechsel zwischen Schiller und Goethe. Erster Band. A.a.O., S. 465.

22 Goethe und Cotta: *Briefwechsel 1797–1832.* Band 1. A.a.O., S. 17.

23 Ebenda, S. 198.

24 Ebenda, S. 198.
25 Ebenda, S. 91.
26 Ebenda, S. 88.
27 Friedrich Schiller: *Briefe.* Herausgegeben von Gerhard Fricke. Carl Hanser Verlag, München 1955, S. 191.
28 Ebenda, S. 193.
29 *Der Briefwechsel zwischen Schiller und Goethe.* Erster Band. A. a. O., S. 175.
30 Ebenda, Zweiter Band, S. 552.
31 *Briefwechsel zwischen Schiller und Cotta.* Herausgegeben von Wilhelm Vollmer. Verlag der J. G. Cotta'schen Buchhandlung, Stuttgart 1876, S. 455.
32 Ebenda, S. 45.
33 Ebenda, S. 330.
34 Ebenda, S. 375.
35 Goethe und Cotta: *Briefwechsel 1797–1832.* Band 1. A. a. O., S. 64.
36 Ebenda, S. 73.
37 *Briefwechsel zwischen Schiller und Cotta.* A. a. O., S. 439.
38 Ebenda, S. 455.
39 Goethe und Cotta: *Briefwechsel 1797–1832.* Band 1. A. a. O., S. 191.
40 Ebenda, S. 93.
41 Ebenda, S. 243.
42 Ebenda, S. 243.
43 Goethe und Cotta: *Briefwechsel 1797–1832.* Band 2. A. a. O., S. 143 f.
44 Ebenda, S. 223.
45 Ebenda, S. 226.
46 Ebenda, S. 223.
47 Goethe und Cotta: *Briefwechsel 1797–1832.* Band 2. A. a. O., S. 127.
48 Ebenda, S. 133.
49 Ebenda, S. 17.

50 Goethe und Cotta: *Briefwechsel 1797–1832*. Band 1. A.a.O., S. 31.

51 Ebenda, S. 148f.

52 Ebenda, S. 199.

53 Ebenda, S. 204.

54 *Goethes Gespräche*. Zweiter Band 1805–1817. A.a.O., S. 472.

55 Goethe und Cotta: *Briefwechsel 1797–1832*. Band 1. A.a.O., S. 56.

56 Ebenda, S. 170.

57 Goethe und Cotta: *Briefwechsel 1797–1832*. Band 2. A.a.O., S. 24.

58 Ebenda, S. 92.

59 Ebenda, S. 254.

60 Johann Peter Eckermann: *Gespräche mit Goethe in den letzten Jahren seines Lebens*. AGA 24, S. 732.

61 *Goethes Briefe*. Band IV. Textkritisch durchgesehen und mit Anmerkungen versehen von Karl Robert Mandelkow. A.a.O., S. 461.

62 *Goethe über die Deutschen*. Herausgegeben von Hans-J. Weitz. Insel Verlag, Frankfurt/M. 1978, S. 47.

63 Johann Peter Eckermann: *Gespräche mit Goethe in den letzten Jahren seines Lebens*. AGA 24, S. 732.

Inhalt

7 Kanzler Friedrich von Müller
REDE (1832)

51 Marcel Reich-Ranicki
GEGENREDE (1982)

83 Anmerkungen

Über das Buch

Am 12. September 1832, ein halbes Jahr nach Goethes Tod, hielt Friedrich von Müller (1779–1849), Kanzler der Weimarer Justizverwaltung, eine Vorlesung über seinen verstorbenen Freund. In unpathetischer Weise zeichnet er Goethes praktische Arbeit nach: Er schildert den Minister und Wissenschaftspolitiker, den Naturforscher und Theaterleiter Goethe, der stets von seinem »angeborenen Trieb zur realen Erkenntnis der Naturgegenstände und ihres Bezugs auf Förderung bürgerlicher Wohlfahrt« beflügelt gewesen sei. Er beschreibt ihn als einen vorbildlichen deutschen Bürger, der mithin nicht zufällig zum literarischen Repräsentanten des Landes wurde.

Dieser Würdigung steht in diesem Band ein Text gegenüber, der bei allem zeitlichen Abstand ebenso persönliche Nähe zu Goethes Werk erkennen läßt: Ein Essay Marcel Reich-Ranickis, der erstmals 1979 publiziert wurde. Hier wird auf glänzende Weise dargestellt, in welchem unübersehbaren Spannungsverhältnis Goethe zeitlebens zu Deutschland und den Deutschen stand – ein Spannungsverhältnis, das damit zu tun hat, »daß seine Werke alle Vorstellungen von dem, was deutscher Geist ist und sein kann, weit hinter sich lassen«. Im Alter war, so resümiert Reich-Ranicki, Goethe davon »überzeugt, er habe sein Leben inmitten von Barbaren verbracht«.

Marcel Reich-Ranicki, geboren 1920 in Wloclawek an der Weichsel, ist in Berlin aufgewachsen. Er war von 1960 bis 1973 ständiger Literaturkritiker der Wochenzeitung *Die Zeit* und leitete von 1973 bis 1988 in der *Frankfurter Allgemeinen* die Redaktion für Literatur und Literarisches Leben. Heute ist er Primus inter pares des regelmäßig vom ZDF gesendeten *Literarischen Quartetts*.

Friedrich von Müller, geboren 1779, trat 1801 als Jurist in den Dienst der Weimarer Regierung, wurde 1815 zum Kanzler der Weimarer Justizverwaltung und 1826 zum Geheimen Rat ernannt. Er unterhielt regen Kontakt zu Goethe und bemühte sich als Mitherausgeber um Goethes literarischen Nachlaß. Angeregt von Eckermanns ›Gesprächen‹ verfaßte er seine ›Unterhaltungen mit Goethe‹, die jedoch erst nach Müllers Tod 1849 veröffentlicht wurden.